NOTES D'UN VOYAGE

EN BRETAGNE

EFFECTUÉ EN 1780

Par LOUIS DESJOBERT

(Extrait de la *Revue de Bretagne*)

VANNES
LAFOLYE Frères
LIBRAIRES-IMPRIMEURS
2, place des Lices, 2

PARIS
HONORÉ CHAMPION
LIBRAIRE
5, quai Malaquais, 5

1910

NOTES D'UN VOYAGE EN BRETAGNE

EFFECTUÉ EN 1780

PAR LOUIS DESJOBERT [(1)]

Jeudi 6 avril. — Parti de Paris à 5 heures 1/2 du matin, j'arrivai à Rosny (15 lieues 1/2) à 11 heures. J'ai été bien servi sur la route, quoique nous ayons couru 5 voitures ensemble jusqu'à Mantes. Le sieur Marcilly, aubergiste de l'*Image Notre-Dame*, m'a conduit lui-même au château de Rosny, bâti par le fameux duc de Sully. Il appartient aujourd'hui au jeune vicomte de Talleyrand, qui n'y vient jamais. Les appartements m'en ont été montrés fort obligeamment par l'ancien et le nouveau concierge, qui étaient à se promener dans la cour. Cette cour est entourée de trois corps de bâtiments dont les deux de côté n'ont point été portés à leur élévation, le duc de Sully en ayant fait suspendre les travaux à la mort de son bon maître, disant que

(1) *Louis* Charles Félix Desjobert, fils de Charles Desjobert, avocat au parlement de Paris, naquit vers 1750. Il se maria deux fois ; de sa première union avec Mlle Basly, il eut deux fils : Charles Desjobert, consul général à Naples marié à Eugénie de Lachaux, mort à Nice en 1832, laissant lui-même trois enfants décédés sans avoir été mariés. 2° Amédée Desjobert, né à Orsay (Seine-et-Oise), le 15 janvier 1796, député de la Seine-Inférieure de 1830 à 1851 : mort sans postérité en 1860.

De son second mariage avec Sophie Auvray, veuve Veillet de Marqueville, il eu une fille, Augustine Desjobert, qui épousa Charles Le Chanteur, conseiller à la cour de Paris dont un fils, mort sans avoir d'enfants.

Louis Charles Desjobert fut nommé en 1774 grand maître des eaux et forêts de Soissons, il avait son domicile à Paris rue du Jardinet et possédait aussi la terre de Launay, à Orsay (Seine-et-Oise).

Sa famille est originaire de Culan (Cher), ayant exercé les charges de notaire, de procureur, de bailly, et de secrétaire du Roi au Parlement de Grenoble.

Les papiers de Louis Desjobert m'ont été gracieusement confiés par sa famille que je suis heureux de pouvoir remercier ici chaleureusement de la confiance qu'elle a bien voulu mettre en moi.

Vicomte DE GROUCHY.

son château en porterait par là le deuil. Depuis, on s'est contenté de les couvrir. La position est très agréable, sur le bord de la Seine, grandes et belles allées, grands fossés. Ce château est bien bâti en briques à l'ancienne mode, mais sans tourelles, le plein-pied est vaste, chambre où a couché Henri IV, meubles anciens et ordinaires, dans le salon, cependant, belle partie en glaces qui répète des tapisseries, faites sur des tableaux de Teniers. Le sieur Marcilly a été cuisinier de la princesse de Condé, jouait de plusieurs instruments, était horloger et savait l'office, et à tout cela, n'a pas fait fortune, ayant fini par entrer dans une sociéte où il s'est ruiné. Il voudrait vendre son auberge et trouver une place de concierge ou autre. Sa fille est femme de chambre de la vicomtesse.

Parti de Rosny à midi, je suis arrivé à Evreux à 4 heures 1/2 (9 lieues 1/2). Dans cette route, lorsqu'on est à Pacy on passe à une lieue et demie environ du champ de bataille d'Ivry. On m'a dit que M. le duc de Penthièvre a fait élever un obélisque à la place où Henri IV s'est reposé après l'action.

J'a été sur le champ au château de Navarre, éloigné de la ville d'une demi-lieue. Les avenues, par lesquelles on y arrive, sont magnifiques. Deux très belles pièces d'eau, beaux gazons entourés de barrières. Cette entrée est magnifique. Le château est carré, ayant, au milieu un salon rond comme celui de Marly, mais les intérieurs sont en mauvais état, et malproprement entretenus. M. Goblet, secrétaire des commandements du prince chez qui je suis monté, m'a parfaitement bien reçu. Il m'a fait traverser l'île d'Hébé, bosquet qui doit être charmant dans la belle saison, avec un joli pavillon au milieu, dans le goût de celui de l'Ile-d'Amour, à Chantilly. De là, M. Goblet m'a mené chez le capitaine des chasses, chevalier de Saint-Louis, qui ne m'a pas moins bien reçu. Il me donnera demain son garde général pour me conduire dans la forêt. Revenu à 7 heures *Au Grand Cerf*, on m'a très bien servi à souper.

Vendredi 7. — Entré dans la cathédrale à 6 heures 1/2 du matin, elle est assez étroite et élevée, blanchie et n'a, d'ailleurs, rien de bien remarquable. J'ai vu, au reste, dans la chapelle de la Vierge qui est derrière le maître-autel, une description où il est dit que la famille d'un M. Duvancel, vicaire général d'Evreux, mort en 1707, avait fondé à perpétuité, suivant un concordat de

1708, avec le chapitre, et pour le repos de son âme une messe tous les samedis après celle de 8 heures, et une lampe qui doit toujours brûler et qui n'était pas allumée.

Côtoyé d'abord les jardins du château dont les eaux sont fort belles, on travaille nouvellement à mettre ces jardins à l'anglaise. Tout le rideau de la forêt, qui entoure le château n'a point été coupé par aucun duc de Bouillon et forme une assez vilaine futaie. Il y a une grande table de pierre au milieu du grand chambellan, de dessus laquelle on voit en plein le château de Navarre.

Je suis arrivé, ensuite, au château de Grisoles, qui appartient à M. de Boulainvilliers, prévôt de Paris, ainsi que plusieurs fiefs qui en dépendent, et de très belles prairies qui sont en face, sur les bords de l'Iton.

Arrivé à Conches à 11 heures, j'y ai trouvé ma voiture à l'auberge de la *Croix Blanche*.

J'en suis reparti à 4 heures et arrivé à Nouvel-Lire à 6 h. 1/2 à l'auberge du *Dauphin*. Cette auberge est assez mal bâtie, mais la maîtresse est une bonne normande née à Bernay, extrêmement prévenante, une très grande chambre sans tapisserie, fenêtre sans rideaux et fermant très mal. A 8 heures au soir, le sieur Corbery, danseur de chez Nicolet, à ce qu'il dit, a commencé ses tours de force, qui m'ont beaucoup étonné moi-même et d'autant plus qu'il ne pouvait y avoir là de supercherie, ni de planche élastique. L'assemblée était composée de faiseurs de clous, qui ont beaucoup disputé pour y entrer pour deux sols, ils ont beaucoup ri des mauvais rébus du petit paillasse, qui même, était très gauche. Ils éclataient surtout lorsqu'il répétait chaque fois platement « Et voilà la cabriole ! » mauvaise danse de la compagne de Corbery, lequel jouait en même temps du tambour et fort bien, mais le bruit en était affreux, renfermé dans une chambre. Ces bateleurs n'eut eu de leur soirée que 7 à 8 francs mais ils avaient gagné déjà beaucoup plus dans une abbaye de bénédictins et d'autres maisons aux environs.

Samedi 8. — Parti de Nouvel-Lire à 6 heures 1/2 du matin, je suis arrivé à la Trappe à 11 heures 1/2 par des chemins affreux, surtout depuis Laigle jusqu'à la Trappe ; ces chemins étaient, tantôt étroits et remplis de cailloux, tantôt bourbeux, tantô, sabloneux, on ne pouvait guère y aller que le pas. La ville de

Laigle est très riche par ses fabriques et le commerce d'épingles, ainsi que Rugles et plusieurs villages des environs. Beau et nouveau château de M. Devaux que l'on aperçoit de loin sur la droite dans la route de Nouvel-Lire à Rugles. Le château de M. de Laigle à Laigle même, est ancien et ne paraît avoir rien de curieux.

La maison de la Trappe est située dans un fonds entouré de collines couvertes de bruyères, ce qui en fait réellement un désert affreux. Il semble que les chemins deviennent encore plus mauvais lorsqu'on en approche, malgré cela, l'hospitalité que tous ces religieux donnent à tous ceux qui se présentent chez eux indistinctement, y attirent un concours de monde si considérable qu'ils y reçoivent tous les ans 5 à 6000 personnes. Ils donnent, en outre, du pain à un nombre au moins aussi considérable de pauvres mendiants et soutiennent de leurs charités, 2 à 300 familles de villages voisins, le tout avec 30.000 # de rentes environ, tandis qu'ils sont encore dans la maison environ 150 personnes, dont environ 60 profès, 12 novices, 40 frères convers (les frères convers sont en brun et ressemblent beaucoup aux capucins. Les frères donnés ont l'habit séculier et ne font point de vœux). 12 frères donnés et des domestiques. C'est un effet prodigieux de la frugalité et de l'économie.

Lorsque je me suis présenté à midi à la porte du couvent, deux profès (le premier se nommait frère Théodore et le second frère Célestin), chargés de recevoir les étrangers et nommés hôteliers, m'ont ouvert, je leur ai donné mes deux lettres pour le révérend père abbé, l'une était de M. l'abbé de Chaloche, qui m'avait été procurée par D. Bayard, procureur général des Bernardins, l'autre du prieur de Beaupré, un de ces religieux (Théodore) a porté ces lettres à M. l'abbé, l'autre, Célestin, après s'être mis à genoux devant moi, m'a conduit à une petite chapelle, où m'ayant présenté de l'eau bénite, je me suis mis à genoux pour faire ma prière. Il m'a ensuite mené dans une salle basse fort propre, et après m'avoir lu quelques passages de l'imitation de Jésus-Christ en français, il m'a fait du feu et a été me faire préparer à dîner. Une demie-heure après, on m'a apporté ce dîner, qui était composé d'une soupe maigre, une omelette, des betteraves cuites et des haricots verts. Pour dessert, du fromage, des pommes crues et de petites poires séchées fort bonnes. Le tout avec de bon vin et de bon pain. Lorsque je finissais, M. l'abbé est entré me rendre visite, il n'est resté avec moi que quelques minutes, et comme il me permit de voir le travail des mains et la maison, je me mis en marche avec le frère Célestin.

Le travail consistait, ce jour-là, à voiturer du fumier, je vis les religieux, jeunes et vieux, aller l'un après l'autre charger de fumier sa brouette dans une basse-cour et la conduire sur un champ où ils la déchargeaient. Ils sont en habit de travail sans coule, marchent assez vite et baissent les yeux, lorsqu'ils passent devant les étrangers. Le frère Célestin m'a ensuite conduit à un bois de sapins où ils tiennent leurs conférences dans la belle saison, il y a deux salles avec des bancs de bois tout autour, l'une pour les anciens profès, l'autre pour les jeunes profès et les novices. Point de jardins : des prés et de grands potagers, des terres en valeur, auxquelles les religieux travaillent eux-mêmes. Tombeau de M. l'abbé de Rancé dans une petite chapelle au milieu du cimetière, bibliothèque. Salle par bas, où ils vont prendre leurs sabots et laissent leurs souliers pendant le travail, autre où ils déposent leurs coules, cloître fermé de vitrages dont un côté sert aux lectures et à écrire. Chapitre, où chacun a dans son banc une boîte pour mettre ses livres. Eglise petite et très simple, dortoirs fort propres. Cellule, où il y a une paillasse piquée sur un bois de lit et une couverture, une petite armoire, un porte-manteau, une chaise et une table. Les religieux n'y restent jamais que le temps de la nettoyer et la nuit. Etant toujours ensemble, à l'église, au travail, au chapitre, au chauffoir, dans le cloître et enfin au réfectoire, ce qui, à mon avis, doit les soutenir beaucoup et leur rendre la vie moins dure que celle des chartreux qui sont toujours seuls. Tout cela était vu à 4 heures 1/2 où je suis monté dans ma chambre. J'ai oublié de remarquer que, dans tous les derniers endroits où ils déposent leurs coules, le frère Célestin, qui me conduisait, a cessé de me parler.

A 6 heures 1/2 du soir, le révérend Père abbé est venu me rendre une petite visite, il se nomme Dom Théodore. C'est un vieillard de 72 ans environ, qui paraît avoir toutes les qualités nécessaires pour remplir une place aussi difficile. Quelques minutes après, on est venu le chercher pour le *mandatum*, ou lavement des pieds ; je l'ai suivi, conduit par le frère Célestin. Cette cérémonie se fait tous les samedis, tous les religieux sont assis à leur place dans le côté du cloître qui sert aux lectures et deux religieux, dont l'un entre en semaine et l'autre en sort, leur lave les pieds, l'un présente le bassin et l'autre une serviette pour les essuyer. On chante pendant tout ce temps, qui est d'une demie heure environ, ou on fait des lectures. J'ai ensuite été souper. On m'a servi des œufs à la farce, de la salade et un plat de légumes avec le même dessert qu'au dîner. A 7 heures 1/2, j'ai entendu le *Salve* qui fait *Complies* et me suis retiré dans ma chambre à 8 heures.

Avant de se retirer, frère Célestin m'a fait entrer, par grâce spéciale et seul d'étranger, dans l'église. J'ai vu défiler tous les religieux devant M. l'abbé pour monter au dortoir. Il les a aspergés d'eau bénite l'un après l'autre, au pied de l'escalier, et ensuite les frères convers en commun. Pour moi, il m'a fait une salutation.

Dimanche 9. — Le frère portier est venu me réveiller à deux heures et je me suis rendu à *Matines* à 3 heures pour entendre le *Te Deum*. J'étais dans une petite lanterne à une seule place qui est au bout de la tribune des étrangers et dont on m'avait donné la clef, j'y ai allumé une chandelle qui est disposée pour un garde-vue, de manière que la lumière ne frappe point dans l'église, car aux offices de nuit, l'église n'est éclairée que par une seule lampe, tous les religieux savent l'office par cœur. Je suis ensuite venu me coucher à 4 heures jusqu'à 7 heures.

A 8 heures 1/2 j'ai été à la grande messe qui a duré jusqu'à dix heures. On célèbre l'office avec toute la dignité possible. Je n'ai cependant pas trouvé qu'au milieu des versets des psaumes, ils mettent autant d'intervalle que je l'avais entendu dire. A 10 heures 1/4, le frère Célestin est venu me conduire au chœur où il m'a placé à côté du prieur pour entendre *Sexte* C'est le seul office où on admette les étrangers. Je n'ai pu y être embarrassé de ma contenance, car je n'ai pas vu un seul religieux lever les yeux sur moi Le P. Abbé m'a ensuite conduit d'abord dans le cloître, où il a commencé à me parler dans un petit renfoncement, d'où nous avons vu défiler gravement tous les religieux pour aller au réfectoire. A la porte, le P. Abbé m'a versé de l'eau pour laver les mains, et frère Célestin m'a présenté la serviette pour les essuyer. (Tous les religieux se lavent les mains avant d'entrer au réfectoire). Etant monté au réfectoire, à la table d'en haut, où il n'y avait que le Père Abbé, le prieur et moi. Il y avait sur la table pour chacun, une ample écuelle de soupe, un pot d'eau, un de cidre, un très gros morceau de pain, une cuiller et une fourchette de bois et une tasse de fayence à deux anses dans laquelle les religieux boivent à deux mains et des noix sèches. Après le *Bénédicite* et le signal de déplier sa serviette et d'en mettre la moitié sur la table, car il n'y a pas de nappe, chacun s'est mis à manger. Le second religieux à ma droite ayant laissé tomber une noix s'est prosterné à plat ventre jusqu'à ce que le Père Abbé lui ait fait signe de se relever en frappant de son couteau sur la table. On a ensuite servi à chaque religieux une ample écuelle de bouillie peu salée et assez bonne et rien de plus. On m'a donné d'extraordinaire un plat d'œufs, et pour dessert, du fromage, des pommes et des amandes, on m'avait aussi donné du vin, ce qui ne se fait que pour les étrangers de quelque considération, mais j'avais expressément demandé du cidre, qui au reste est aigre et assez mauvais, tout le service a été fait par les deux religieux de semaine, qui avaient fait, hier au soir, le lavement des pieds. Le tout dans le plus grand silence, car personne ne parle au réfectoire, pour quelque raison que ce soit, pas même le révérend Père Abbé avec les étrangers. Pendant tout le dîner, on a lu quelques versets de l'Ecriture Sainte en latin et ensuite la vie des R. R. Pères du désert en français. L'abbé ayant dit « *tu autem* » au bout d'environ 3/4 d'heure, tous les religieux sont sortis de leur place et se sont rangés en haie au milieu du réfectoire et on a dit les *Grâces* comme on avait dit auparavant le *Benedicite*. M. l'abbé m'ayant ensuite conduit hors du cloître, je lui ai fait mes adieux et il m'a fort poliment engagé à revenir.

Je suis donc monté dans ma chambre, environ à 11 heures 1/2, je dois dire plutôt mon appartement, car j'y avais autre chambre, chambre de domestique et chambre à coucher à Saint-Paul, le tout fort simple mais très propre. Vers midi, les deux hôteliers, frères Théodore et Célestin sont venus me voir et le premier a bien voulu rester avec moi jusqu'à mon départ, pour me satisfaire sur plusieurs choses que je désirais savoir. Le Père Abbé est nommé par le Roi sur les suffrages de chaque religieux, qui lui sont remis cachetés. On fait aux religieux la barbe 13 fois par an, et on leur tond en même temps les cheveux, sauf une couronne qu'on leur laisse un peu plus longue autour de la tête. Ils ne mangent jamais ni viande ni poisson, ni beurre, ni œufs, à moins qu'ils ne soient au mixte, au soulagement, à l'infirmerie.

Ils y font même gras. Ils n'ont point de linge et ne se déshabillent jamais n'ôtant que leurs souliers pour coucher. Ils sont vêtus à peu près de même, été et hiver, ils ont cependant un habit de plus l'hiver. Ils ne se parlent jamais entre eux, ils sont obligés de se donner la discipline le vendredi après les *Matines* sur les épaules, pendant un *Miserere*. Cette pratique a été établie lorsqu'on leur a donné de meilleur pain au commencement de ce siècle au lieu de celui grossier et plein de son qu'ils mangeaient auparavant. Ils ne déjeunent jamais, à moins qu'ils ne soient incommodés. Du 14 septembre à Pâques, ils n'ont le soir que trois onces de pain sans aucune autre chose, et même deux onces le jour, les jeûnes d'Eglise. Le reste de l'année, ils ont comme collation du fromage et de la salade. Pour voir tous les détails de cette maison extraordinaire, il faut consulter le livre des règlements généraux en deux volumes in-12. Dom Théodore, abbé actuel, se propose de les faire réimprimer parce qu'ils manquent actuellement chez Desprez. Il fera paraître en même temps une nouvelle vie de M. de Rancé avec une préface dans laquelle il répondra à ce qui a été dit contre la Trappe dans l'Encyclopédie.

Je suis enfin parti de la Trappe à une heure après midi et ne suis arrivé à Bellesmes qu'à 7 heures du soir, 9 lieues. Les chemins sont extrêmement mauvais en sortant de la Trappe, pendant 3 lieues et une lieue avant d'arriver à Bellesmes, dans la forêt. On y a bien tracé un nouveau chemin, mais il paraît qu'il ne sera pas fait de longtemps.

J'ai logé à Bellesmes à la poste chez de fort bonnes gens, j'y ai trouvé un poulet qui cuisait à la broche, et l'ayant accepté avec grand plaisir, j'ai soupé avec l'appétit de quelqu'un qui sort de la Trappe.

Je me suis rendu à 11 heures du matin chez M. Guerrier, il demeure à Saint-Martin du Vieux-Bellesmes, prieuré qu'il tient à bail emphytéotique de l'abbaye de bénédictins de Marmoutiers à Tours. Son bail est de 45 ans et en a 17 d'expirés, il donne environ 15.000 # à ces moines, et a, pour cela, 400 arpents en grains et en herbages, et des dîmes et cens considérables.

A une heure, nous nous sommes mis à table avec ses deux sœurs et nous avons fort bien dîné. Le marquis de Voyer, qui est venu souvent ici chez lui avec sa femme et de la compagnie, pour chasser dans la forêt dont il avait la conservation, lui a été souvent plus à charge qu'utile. Il en est ainsi, souvent, de l'amitié des grands.

L'ancien château de Bellême tombe en ruines, la vue en est assez belle, car cette ville est sur une élévation comme Mortagne, mais n'est pas, à beaucoup près, aussi bien bâtie.

Mardi 11. — Déjeuné à Alençon dans une auberge en face la poste, et suis arrivé pour coucher à la poste à Mayenne, où j'ai fort bien soupé d'une poularde du Mans et de vin de Picardie blanc, qui était fort bon.

Mercredi 12. — Parti de Mayenne à 4 heures du matin, je suis arrivé à Laval à 8 (8 lieues) et m'y suis arrêté une heure et demie pour voir le jeu de paume.

Reparti de Laval à 9 heures 1/2, j'ai trouvé à Gravelle, 4 lieues au-delà, un bureau établi pour recevoir les droits de marchandises à l'entrée et à la sortie de France en Bretagne, et aussi pour empêcher l'entrée au sel en France et autres marchandises prohibées.

Depuis ce village de Gravelle, la campagne change entièrement de face. Elle est peu ou mal cultivée, on ne voit, le plus souvent, que des bruyères ou genets, (on rencontre aussi, souvent, du jeans, espèce de chardons élevés dont la fleur est jaune. Ils servent à chauffer le four et à nourrir les chevaux l'hiver), entourés d'arbres fruitiers, ou d'ormes, ou de châtaigniers; dans quelques endroits, ce sont des chênes, mais l'usage est d'en couper toutes les branches au bout de 5 ou 6 ans pour en faire des fagots. La figure de ces arbres mutilés est singulière. Les charrettes sont attelées aves des bœufs et de vilains petits chevaux. Les paysans sont tous couverts avec une veste de peau de bouc ou de chien qui leur donne l'air de sauvages. Ce vêtement les garantit très bien de la pluie. Rencontré beaucoup de soldats en semestres, qui allaient rejoindre. Il y en a un qui est monté derrière ma voiture pendant une lieue, en arrivant à Vitré. Le postillon ne s'en est point aperçu. Vitré, à quatre lieues de Gravelle, est une ville fort mal bâtie en bois et en ardoise et tout a l'air le plus misérable. Beaucoup de femmes tricotaient à leur porte, le pavé de cette ville est affreusement mauvais, il donne aux voitures les secousses les plus rudes, voiture d'officier dont les ressorts ont cassé. Les remparts de cette ville, qui était forte autrefois, sont élevés et en pierres d'ardoises. Tout le reste du chemin jusqu'à Rennes était fort mauvais, j'ai été horriblement secoué.

Je suis enfin arrivé dans cette ville à 10 heures moins un quart, c'est-à-dire qu'étant parti de Laval à 9 heures 1/2 du matin, j'ai mis, en poste, plus de 12 heures à faire 18 lieues. S'il y avait beaucoup de journées comme celle-ci dans un voyage, il faut avouer que la peine passerait le plaisir; je dois encore m'estimer fort heureux de ce qu'il ne m'est arrivé aucun accident. J'ai, d'abord, été à Rennes, *A l'Ecu*, qu'on m'avait dit être la meilleure auberge, comme il n'y avait pas de place, je me suis fait conduire à l'*Hôtel d'Artois*. Cette auberge est malpropre, mais j'ai été fort content d'y avoir une assez vilaine chambre au second, d'autant que cette auberge est bien située près de la place du Palais.

Jeudi 13. — Sorti à 10 heures 1/2 avec le garçon d'écurie de l'auberge pour aller voir la ville, promenade de la Motte qui est une grande salle ovale entourée d'arbres en belle situation. La petite Motte est au-dessous, c'est une terrasse en forme de demie lune. L'église des Bénédictins, belle pour le pays, mais au-dessous de l'ordinaire partout ailleurs. Elle passerait, même en Flandre, pour être fort laide. Leur réfectoire est beaucoup mieux, la boiserie en est très belle et d'une noble simplicité, mais la promenade de cette maison qu'on nomme le Thabor est des plus agréables. Dans un fort petit espace, elle réunit tous les avantages d'une promenade plus étendue. On y a de l'air, du couvert, une très belle vue, il y a, surtout, une salle enfoncée, de la forme d'un vaisseau, où, l'hiver, on est à l'abri du vent, et, l'été, de la chaleur du soleil. Jolies petites allées de charmilles où on peut se promener délicieusement avec un livre. Cette promenade est publique pour les hommes, et les habitants de cette ville en profitent beaucoup. Place des Lices où se font les exécutions des criminels, la potence et l'échafaud pour la roue y sont toujours dressés. Le mail, ou autrement le cours est hors de la ville, c'est une fort belle et longue allée avec deux contre-allées en beaux ormes, deux canaux sont aux deux côtés et se réunissent au bout avec la rivière. Je n'ai pu y aller parce qu'il y avait des canons montés sur leurs affûts et une sentinelle qui empêchait d'en approcher. Le port est tout près. Maison d'éducation pour les enfants de gentilshommes peu riches, aux dépends des États.

Les deux tours de l'église de Saint-Pierre, ancienne cathédrale, on l'a abattue parce qu'elle menaçait ruine. L'office de la cathédrale se fait aujourd'hui dans une fort petite et vilaine église qui dépend de l'hôpital Saint-Yves. Eglise des Jésuites la plus belle de Rennes, sans contredit. Au bas de la nef sont des tableaux à des autels de côté, dont l'un représente sainte Anne qui enseigne à lire à la Sainte Vierge et l'autre le martyre de trois Jésuites au Japon. Mur des Carmes, où le bourreau a pour logement une tourelle séparée des autres maisons de la ville. Le pont neuf est fort petit et d'ancienne construction.

Etant revenu dîner à 3 heures 1/2, j'ai vu l'après-midi, les salles du palais qui sont très belles et beaucoup au-dessus de celles de Paris, si ce n'est la grande chambre de Paris, qui est supérieure à celle d'ici, parce qu'elle est plus vaste, mais celle-ci est plus ornée. Les lanternes y sont cependant assez ridicules et ont l'air d'être en sucre.

J'ai examiné toutes les autres : les deux chambres des enquêtes la tournelle civile, celle criminelle, le parquet, la chambre du Conseil, elles sont toutes fort ornées de dorures et de sculptures, mais dans cette dernière il y a des peintures de Jouvenet au plafond, qui sont fort estimées. On y voit surtout une tête qui semble toujours fixer celui qui la regarde, quoiqu'il tourne autour. La place du palais est carrée et assez régulière, les quatre côtés étant bâtis uniformément, excepté, toutefois, la moitié d'un côté, où sont les Cordeliers. C'est dans le réfectoire de ce couvent que se tiennent les Etats, parce que c'est la plus grande salle de Rennes. Je n'ai pu le voir, parce qu'il est partagé en ce moment en différentes pièces pour loger des troupes. Au milieu de cette place est une statue équestre de Louis XIV, avec des inscriptions qui se trouvent dans la description de la France de Piganiol de la Force. La place royale ou place d'armes n'est séparée de celle du palais que par une petite promenade, on y voit la statue pédestre de Louis XV, au pied de laquelle sont deux figures, aussi en bronze, dont l'une est la Médecine et l'autre la Bretagne. Cette dernière remercie la première de ce qu'elle a rendu la santé au roi, lors de sa maladie de Metz. A côté de cette statue pédestre est l'Hôtel-de-Ville. Sur cette même place royale, on remarque deux salles, celle des repas et du concert, qui est bien éclairée et celle du Conseil, l'escalier en est assez bien, ainsi que le vestibule du rez-de-chaussée.

La nouvelle du jour est le retour de Mr de Dillon qui est dans la légion de Lauzun. Etant embarqué, il était revenu à terre il y avait 5 à 6 jours et avait disparu. On dit qu'il s'est allé battre à Fougères avec un officier auquel il devait 15 louis, et qui lui avait écrit une lettre très malhonnête. D'autres prétendent que cette querelle s'était élevée en se rencontrant sur la route de Lamballe où on les avait séparés. Il est certain qu'il aurait beaucoup risqué pour son honneur si la flotte était partie.

J'ai rencontré M. de la Porte à l'Hospice du petit Séminaire.

A 2 h. après-midi, j'ai été trouver M. de Kerouvelle, volontaire de la marine et neveu de M. Marquet, il m'a conduit à la mâture, où on travaillait à mettre le grand mât au *Royal-Louis*. A Recouvrance les magasins de vivres, des vins, des fromages, salaisons et biscuits, four pour les cuire ainsi que le pain. Dans la batterie royale et le fer à cheval qui est au-dessous, 48 canons de fonte de 48 (on va les mettre sur la première batterie du *Royal-Louis*,) belle vue de dessus les remparts sur la rade. Eglise de Saint-Sauveur, paroisse de Recouvrance, belle vue du jardin des capucins sur le port, ce jardin est agréable par lui-même; retour par le port, nous sommes montés sur la frégate la *Nymphe*, qui était dans un bassin pour être radoubée. M. de Kerouvelle n'était jamais monté à la mâture; son mépris pour les officiers auxiliaires, il convenait, cependant, qu'on les avait injustement maltraités dans les commencements. Excellente réponse de l'un d'eux qui sur ce qu'on les appelait des locatis, dit que le Roi n'ayant que des rosses à son service, avait été obligé d'avoir recours aux locatis, M. de K. ignorait le nom des pièces de bois appelées bossoirs, il passait partout sans jamais faire la moindre politesse, du moins, il nage très bien à ce qu'il dit et est en état de grimper sur un mât de perroquet comme un mousse.

Dimanche 23. — Dîner chez M. de Langeron, on ne s'est mis à table qu'à 2 heures, repas excellent et magnifiquement servi, 21 personnes à table, tous officiers exceptés 3 ou 4. J'étais à côté de M. Bezout, fameux mathématicien qui fait l'examen des gardes marines, et ils ne sont reçus qu'autant qu'il les juge capables ; M. Duchaffaut a beaucoup causé avec lui, M. Paulo, consul général d'Espagne en France a beaucoup d'aisance et d'usage de la bonne compagnie, il parle bien français et avec finesse. M. de Langeron fait très bien les honneurs de chez lui, il est grand, a l'air martial, et parle fort bien, colonel des hussards de Nassau, bel homme, ayant bien la figure de son métier.

La comédie a commencé à 5 h. 1/2, le *Barbier de Séville* m'a fait grand plaisir et m'a paru très passablement joué, ainsi que le Tableau parlant qui a suivi. Tuteur qui avait une très bonne voix dans cette dernière pièce. Suivante des plus effrontées. La salle est magnifique, elle est presque ronde, il y a trois rangs de loges sans piliers, elle contient beaucoup de monde. Les loges sont très profondes, et surtout les premières, qui contiennent 5 à 6 rangs de spectateurs. Le parterre est fort petit, il n'y va guère que des soldats, domestiques, etc., il n'y a point d'amphithéâtre, mais le parquet ou orchestre est fort grand et va à plus de la moitié de la salle. Les officiers ou gardes de la marine occupent les 4 ou 5 bancs du fonds près le parterre et n'y souffrent point d'étrangers, ce qui, même, a quelquefois occasionné des querelles. Toutes les places sont de moitié meilleur marché pour les militaires que les autres, ce que j'avais vu nouvellement à Rennes et est, je crois, d'usage dans toutes les villes où il y a des troupes.

Lundi 24. — A 1 h. j'ai été chez M. Buot, chevalier de St-Louis, venu en cette ville pour y monter la police. Il est, je crois, exempt à Paris, et est un peu bavard. Nous avions encore à dîner le camarade de Mr Buot, homme de sa taille et de sa corpulence, et ce M. de Monlieu, qui a fait tant de bruit dans l'affaire de M. Bellegarde. C'est un homme extrêmement maigre et délicat, qui paraît avoir de l'esprit : il est ici depuis sept mois pour des affaires ; il est le plus riche propriétaire de vaisseaux qu'il y ait en France, en ayant 28 à lui. Il en loue au Roi 5 de l'escadre qui va partir et en arme en plus, 2 pour son compte, qui en font aussi partie.

Mardi 25. — Mauvais temps.

Mercredi 26. — M. le Commandant d'Espinous, avec qui j'avais dîné hier, chez M. de la Porte et commandant le *César*, de 74 canons, qui devait aller aujourd'hui en rade, m'avait conduit, après dîner, au 1er bureau du port où je me suis rendu ce matin, à 6 heures précises, et où on m'a mis à bord du *César*. Ce vaisseau s'est, d'abord toué lui-même pour sortir du port, c'est-à-dire que l'équipage tirait des cordages qui étaient attachés aux rives. Ayant passé le fer à cheval, on a mis le grand et le petit hunier et nous sommes arrivés près de la *Bretagne*. Lorsque nous avons été près de la *Bretagne*, comme c'est ce vaisseau qui commande ceux de la rade, notre équipage l'a salué de trois « vive le roi », en montant sur les enfléchures des haubans et sur les ponts. Celui de la *Bretagne* a répondu quelques minutes après. On a jeté l'ancre, opération que je n'ai pas vue comme je l'aurais pu, en descendant dans l'entrepont à l'avant du vaisseau, mais un officier m'a dit que je ne pourrais voir du vaisseau l'ancre, mais seulement le câble passer. J'aurais dû y aller voir, mais j'avais assez froid, et j'étais étourdi du roulis et dégoûté par les taches que je craignais d'attrapper de tous côtés, de peinture et de goudron, tout cela me rendait paresseux, de sorte que j'ai perdu à peu près toute ma matinée, n'ayant personne pour m'expliquer ce que je voyais.

Peu de temps après que nous eûmes mouillé, M. Hector vint sur notre bord avec M. de Mercy, ambassadeur de l'Empire, le riche Laborde et M. de Fautras. Les 2 fils de M. de Laborde servent dans la marine, l'un a 17 à 18 ans et l'autre de 12 à 14. Cette compagnie est partie peu à près pour retourner au port voir carener le *Northumberland*, mais je suis resté assez maladroitement sur le *César*, à déjeûner où nous n'avons eu que des saucisses et de mauvais pain.

M. de Choisy, maréchal de camp, (il est assez maigre et a la barbe noire, il a quelque chose de la physionomie de Cailleau, il parle peu et mal, c'est pourtant celui qui s'est beaucoup distingué dans la guerre de Pologne : il a l'air fier et dédaigneux, mais sans esprit. On peut être brave et fort bête, de même qu'on peut avoir beaucoup d'esprit et être fort poltron) est arrivé ensuite avec un jeune homme que j'ai connu à la Pomme chez Grapin ; ils ne sont restés que peu de temps à bord du *César*. Je m'en suis retourné avec eux, mais M. de Choisy, étant monté à bord du *Conquérant*, nous y a fait arrêter plus d'une heure, temps qui m'a paru d'autant plus long que je ne pouvais aller et venir dans le vaisseau, étant toujours à attendre le moment de partir. M. de Choisy a écrit tranquillement une longue lettre dans la chambre du capitaine. Ensuite M. Duomenil, maréchal de camp, est monté de sa chambre, n'en pouvant plus d'une dysenterie et du mal de mer. Il commande en second, après M. de Rochambeau, les troupes de la division, mais il sera peut-être obligé d'abandonner la partie et de se faire mettre à terre ; c'est un gros homme de 45 ans. M. de Chabannes, sur le bord du *Conquérant*, M. Blanchard, commissaire des guerres, M. de Gastine, qui ressemble beaucoup à M. le prince de Conti, quoique plus jeune. Horrible infection sur les passavants, causée par des bœufs et des cochons au-dessus desquels il y avait des hamacs suspendus. — Soldats de garnison, qui faisaient de l'exercice sur le gaillard, officiers auxiliaires assez grossiers, ainsi que ceux que j'avais vus ce matin sur le *César*.

Le temps a été assez beau ce matin et l'escadre avait fait quelques mouvements pour appareiller, mais la pluie a recommencé.

Jeudi, 27. — Dîner chez Mme de Champeroux, M. Blanchard, commissaire des guerres, embarqué sur le *Conquérant*, y est aussi venu, il a un air de mauvaise humeur, ce qui lui est pardonnable, car outre qu'il est, dans ce moment-ci, dans une situation très violente par cet embarquement, et fâché, comme les autres, d'être ainsi retenu en rade depuis 15 jours, il a eu, d'ailleurs un cruel revers de fortune depuis deux ans. Son père dont il pouvait espérer 300.000 fr. de biens est mort, laissant des affaires dérangées par de mauvaises entreprises de commerce. Il a été obligé d'engager le bien de sa femme pour arranger les affaires de la succession.

A cinq heures, j'ai été trouver M. de la Motte à son bureau, il m'a montré d'abord, sur la cale où il va construire le *Sceptre*, vaisseau de 74 canons, plusieurs pièces de sa charpente, celles de la quille, l'étambot, la lisse d'hourdi, l'étrave et le ringeot. De là, il m'a mené sur le *Northumberland*, où il m'a fait voir plusieurs autres pièces. Nous avons traversé le port à 7 heures dans son canot, et j'ai vu l'empressement avec lequel tous les ouvriers en sortent en foule au coup de l'horloge, chargés la plupart de copeaux de bois. Les gardiens les laissent les emporter, moyennant un morceau qu'ils reçoivent de chacun. Cet empressement est exactement le même que celui des écoliers au sortir de classe. Les hommes sont toujours les mêmes dans toutes les circonstances !

Vendredi 28, ayant dîné chez moi, je suis allé faire visite à 3 heures à M. Margoüet, où je suis resté jusqu'à 5. Madame de la Porte a fort mal pris dans ce pays-ci. A la Comédie, elle est sortie un jour de sa loge en criant : « cela est détestable ». Une autre fois, des dames qui étaient dans sa loge, en ayant fait fermer la porte sans faire attention que c'était elle qui l'avait fait ouvrir, elle l'a fait refermer avec humeur en disant : « on ne peut pas être maître chez soi. » Enfin, en partant de Brest, elle a dit à un officier de marine, qui n'a pas manqué de le répéter, qu'elle était bien charmée de ne plus voir les femmes de Brest. M. de Persil, enseigne de marine, qui était amoureux fou d'elle, l'a voulu forcer à recevoir une déclaration par écrit, et, enfin, l'a voulu enlever en revenant de Landerneau. Madame de la Porte est fille de M. de Coste.

A 5 heures j'ai été chez M. de la Porte, il m'a paru accablé d'officiers ayant pris maladroitement pour le voir ce jour qui est le courrier. Il n'a pas même pu parler à M. le commandeur d'Espinous et m'a demandé grâce à moi-même, de manière que je me suis en allé sur-le-champ. Combien ces sortes de places sont pénibles, on n'a pas un moment à soi étant toujours dans un état violent.

Samedi 29, M. Roland, sous-ingénieur, m'a mené aux cales de la montagne, où le *Northumberland* par M. Janeler et la frégate l'*Estrée* par M. de la Motte sont en construction. J'ai vu, sur le parcours, les préparatifs pour les lancer à l'eau ; et sur la frégate, la manière de calfater en introduisant de l'étoupe et du bitord entre tous les bordages, on les couvre ensuite de brainon, on met du suif sur les têtes de clous, et enfin, on y pose le dernier enduit qui est tantôt brun, tantôt blanc, ou d'une autre couleur. Cet enduit est composé de plusieurs matières. Vers 3 heures, je suis rentré avec M. Roland dans le *Royal-Louis*, où nous sommes restés jusqu'à 6 heures, à voir particulièrement les différentes pièces de bois qui entrent dans la construction de ce magnifique vaisseau. Descendu jusqu'au fond de cale, où j'ai vu le lest en pierrailles minces comme des tuiles ; le poste des chirurgiens dans le faux-pont ; les différentes soutes, la fosse aux câbles, où on met en prison, les galeries tout autour, etc. A 6 heures nous sommes revenus aux cales de construction. M. Roland était chargé, en ce moment, de la distribution des bois dans les différents travaux ; plusieurs chefs d'ouvriers se sont plaints à lui de ce qu'ils manquaient de bois, même de bordage, ou qu'ils en avaient de gâtés. Etuves pour chauffer les bordages, afin de leur donner les courbures nécessaires, mais elle est délabrée, on s'en sert peu, et on obtient aujourd'hui cette courbure aux dépens du bois, ce qui en fait consommer beaucoup plus. — Départ des galériens quittant leur ouvrage, au coup de 5 heures 1/2 avec de grands cris de joie. Ils sortent avec ordre 2 à 2, chaque bande est conduite par le gardien en habit bleu, armé d'un sabre et dont le sort n'est guère moins misérable que celui des galériens, si ce n'est qu'il a la liberté d'en changer. Sortie des ouvriers à 7 heures. Tous ceux qui travaillent au bois en emportent chacun une charge de copeaux, pourvu qu'il n'y ait pas de trop gros morceaux et qu'ils payent le tribut aux gardiens de chaque porte par où ils passent, qui consiste dans un copeau, qu'ils jettent devant eux, pour bien des raisons.

Dimanche 30. — Ayant entendu tirer des coups de canon, j'ai été à 6 h. du matin à l'endroit où on exerce les apprentis cannoniers-matelots près la batterie royale. C'est un grand hangard, d'où on tire par des embrasures comme celles d'un vaisseau, sur une butte, qui est sur le bord de la mer, dans le chemin du goulet. On donne 40 sols à celui qui frappe au but. Il y a près de là un autre hangard, qui est l'école de ces apprentis. On leur enseigne à connaître et à manier le canon. De là, je suis descendu trouver M. Couët, contre-maître très expérimenté, au hangard aux bois, et j'ai passé avec lui ma matinée à voir ses magasins, où il n'y avait que des bordages et des doublages ; plusieurs belles pièces de bois sur le quai, où elles étaient à sec. Les grues qui tournent, en faisant marcher des hommes dedans. J'ai essayé de monter dans une, ce qui m'a beaucoup étourdi. Tonnellerie, pièces de 2 et de 4 barriques pour l'eau, lorsqu'elles sont faites, on y fait passer de l'eau bouillante, tas considérable de bois de merrain en douve. Bouées en forme de pain de sucre pour faire connaître en mer l'endroit où l'ancre a été jetée, dépôts des bois de Gayac pour les rouets des poulies. Dépôt des ancres, il y en a qui pèsent jusqu'à 10.500 #, les jets d'ancres, pièces de bois par le moyen desquels l'ancre va au fond de la mer, de manière que les branches de l'ancre se prennent dans le sable.

Ayant traversé le port avec M. Couët, vis-à-vis son hangar, je me suis trouvé sur la montagne opposée d'où, cependant, la vue n'est pas si belle que de la terrasse des capucins. — Etant rentré dans le port, j'ai de nouveau passé l'eau pour revenir chez moi. Les ouvriers avaient déjà quitté le travail, ils travaillent depuis longtemps les dimanches et fêtes avec cette seule différence qu'ils quittent leur ouvrage à 10 h. 1/2, mais aussi, ils le reprennent à 1 h. Les autres jours, ils finissent à midi, et recommencent à 1 h. La journée commence tous les jours à 5 h. du matin et finit à 7 h. du soir. Les ouvriers ayant donc quitté le travail, j'ai rencontré deux gardiens qui m'ont dit qu'il fallait sortir du port, mais leur ayant montré la carte de M. Hector, ils m'ont donné toute liberté. Ils se promènent ainsi, lorsqu'il y a peu de monde, parce que c'est le moment dangereux pour les espions et les incendiaires.

J'ai envoyé ce matin un billet à M. de La Porte pour lui demander à dîner, j'y ai trouvé M. le duc de Lauzun, Lombard, capitaine de la *Provence*, de la Cardonie, de Clugny et Beauregard. M. le duc de Lauzun est un grand et bel homme qui a l'air bien militaire, habillé en houzard ; il est embarqué sur la *Provence* et a beaucoup de confiance dans ses grenadiers si on peut en venir à un abordage avec l'ennemi. MM. de Clugny et Beauregard sont sur la *Cybèle*, frégate, ils ont une très grande confiance dans leur premier maître, homme très brave, qui a déjà perdu un bras au service. Vivacité extrême de M. de la Motte-Piquet, c'est l'officier qui s'est le plus distingué jusqu'ici dans la guerre présente. Visite à M. de Langeron, où j'ai trouvé plusieurs officiers généraux, un de marine, paraissant bien avoir l'esprit du corps, parlant beaucoup contre les passedroits, et ne blâmant pas la conduite des officiers qui parlent de se retirer si on ne leur donne pas le grade auquel ils croient devoir prétendre.

Visite, à 5 h., à Madame Margouet qui allait aller avec sa fille à la comédie, je lui ai donné la main. Comme elle m'avait dit qu'elle allait dans la loge du commandant, je croyais qu'on ne payait rien mais, comme, en arrivant, elle m'a présenté de l'argent pour sa place et celle de sa fille, heureusement, j'ai eu la présence d'esprit de ne pas l'accepter, et ai été vite prendre trois billets. *La Pupille*, pièce pleine d'invraisemblances, la *Modestie excessive du Tuteur*, la *Confiance impertinente du fat*, l'*Espérance du Vieillard*, sont également ridicules, fort mal joués, l'*Amant Jaloux* ; les motifs des Ariettes, ne m'ont, pas paru nouveaux. Jolie Haute contre bon acteur pour le rôle de François, très bonne basse taille pour celui du marchand, le reste mauvais. La *Georgi*, prête d'accoucher, on la dit fort jolie de près, elle chante faux, est mal en mesure et donne cependant des éclats de voix très hardiment, au reste, elle a été sifflée et applaudie avec fureur. Fort mauvaise Allemande, pour finir la fête. J'avais devant moi Mlle de Kersalaün, fille d'un capitaine de vaisseau, très jolie et à laquelle un officier d'infanterie qui était à côté de moi, faisait beaucoup la cour. Je n'ai guères vu d'aussi jolies personnes, elle parlait avec aisance ; il paraît que, dans ce pays-ci, les demoiselles ne sont point élevées dans la contrainte où elles sont à Paris.

Lundi, 1er mai. — Dîner en tête-à-tête chez M. Le Roi, ingénieur, rue du Vieil Escalier n° 310.

A 3 h. 1/2, été chez M. de la Porte, où j'ai attendu une demie heure, avec plusieurs officiers généraux dont M. de Choisy, que je rencontre partout tous les jours, et aussi un grand Allemand, M. de Liechstenstein, qui doit commander en chef la seconde division. On a beaucoup parlé de la simplicité de vivre de l'Empereur qui est excessive. M. de Choisy a été jusqu'à dire qu'il l'avait vu revenir d'un voyage de 2000 lieues dans ses Etats, n'ayant été attendu nulle part, n'ayant pas de chevaux à lui et se servant de ceux qu'on rencontrait dans chaque endroit, enfin, étant couvert des marques de poux, puces et punaises dont il avait été rongé pendant le voyage.

M. Lombard, capitaine de la *Provence*, m'a donné un officier auxiliaire pour me conduire dans son vaisseau. Même encombrement que sur le *Conquérant*, on serait bien embarrassé s'il fallait se battre au sortir de la rade ; beaux grenadiers de la Légion de Lauzun. On était fort occupé, à ce moment, à désaffourcher, le vent était assez bon de cet après-midi. Deux malheureux aux fers, à côté de la cheminée de l'équipage. Salué M. le duc de Lauzun qui a une fort jolie chambre sur la dunette. Plusieurs officiers m'ont donné des lettres à mettre à la poste, ce dont je me suis chargé avec grand plaisir, avec tout cela, je rougissais un peu de mon métier de curieux. Combien il y en avaient sur ce vaisseau, qui auraient voulu être à ma place ! lorsqu'il arrive ou qu'il part un canot, tout l'équipage est sur le pont et le suit longtemps des yeux.

Sur un bâtiment de transport, chargé de 350 hommes, manière pitoyable dont les hommes sont entassés les uns sur les autres. Les officiers n'ont qu'une même chambre pour coucher et manger. Il n'y a pas de cachot plus affreux que ces entreponts.

La *Levrette*, cutter de 18 canons, armé de 130 hommes, fort jolie chambre de capitaine, où il n'y a de jour que d'en haut. Cette espèce de bâtiment n'a qu'un mât sur l'avant, et un fort long beaupré. Il n'y a qu'un pont sur lequel sont les canons. Les hommes y sont à couvert des coups de fusil jusqu'à 5 pieds 1/2. L'équipage est assez à l'aise sur ce bâtiment, il n'y a que le monde nécessaire pour ce devoir.

Le Corsaire l'*Americaine*, de Grandville, est dans la rade depuis avant-hier, ayant amené 150 prisonniers anglais qu'il avait faits sur des bâtiments dont il s'est rendu maître. Chambre du capitaine, où couchent les 4 premiers officiers. Les autres couchent dans la Sainte-Barbe qui est éclairée par deux misérables lucarnes qu'il faut encore boucher dans les gros temps. Le reste de l'équipage est assez entassé dans un faux pont où on ne peut marcher qu'à quatre pattes. Le poste des chirurgiens où j'ai vu la caisse de pharmacie. Descendu dans un endroit du fond de cale, où il y avait du lest en pierres et des tonnes d'eau. Le capitaine en second m'a conduit partout. Il y a 19 ans qu'il navigue et paraît un homme sensé et ferme.

Mardi 2. — Le fort du Porzic, sur le goulet, est défendu par trois autres forts, il y a plus de 300 canons et beaucoup de mortiers dans ces 4 forts. J'ai vu passer par le goulet plusieurs vaisseaux de l'escadre, vitesse des lougres et cutters. Elle s'est rassemblée à la hauteur de Bertheaume et a, ensuite, pris sur la gauche, pour passer par le raz. On construit encore un nouveau fort très considérable, pour rendre la déroute impossible de ce côté.

Prame, vaisseau d'ancienne construction au bout du port, sur lequel il y a une garde comme sur la *prame* qui sert de vaisseau amiral et sur le pavillon blanc au commencement du port, machine très considérable pour nettoyer le port.

Dîner chez M. de Langeron, qui m'a fait un très grand éloge de M. Groignard, qui a réussi à construire son bassin de Toulon dans l'eau, malgré les officiers de marine, ceux du port, et le corps même des ingénieurs, il m'a beaucoup engagé à le voir avant mon départ, ce que je ferai, s'il est revenu de Saint-Mathieu, où on l'a envoyé pour sauver les débris du vaisseau espagnol le *Saint-Joseph*, qui y a échoué, il y a un mois. M. de Langeron travaillait depuis 7 h. du matin, ayant, pendant ces mouvements de troupes un détail d'affaires très considérable. Il raisonne aussi beaucoup et fort bien sur les bois et sur la marine.

Il m'a montré plusieurs états ou tableaux, tant de la quantité des bois qu'on emploie dans les vaisseaux, que des dépenses dans le plus grand détail, un vaisseau de 110 canons consomme 15.000 pieds cubes de bois et coûte environ 150.000 #. Le prix des autres diminue à peu près de 100 (*sic*) par 10 canons.

Mercredi 3. — A six heures du matin, j'étais au bassin, à voir chauffer la frégate la *Sybille*, qui y était entrée hier. On allume un grand feu de genêts sous toute l'œuvre vive du vaisseau, et on l'éteint à mesure avec des pompes et des pelles d'eau. Le directeur général, M. de Briqueville, officier de marine, est présent à cette opération, c'est un homme assez âgé, qui paraît de mauvaise humeur et ennuyé. Je ne l'ai pas entendu dire un seul mot. Ces opérations, qui sont fort curieuses pour un étranger, sont très insipides pour ceux qui les ont tous les jours sous les yeux. Jeune aspirant ingénieur assez impertinent, nommé Lègue, qui en paraissait fort ennuyé. Il a tenu ensuite les propos les plus indécents contre l'architecture navale de M. Duhamel, qu'il dit n'avoir pas lu. Il faisait, au reste, très froid à cette opération. Les calfats, qui étaient en bas, étaient en même temps dans l'eau et dans le feu.

Lorsque, pour caréner un vaisseau on n'y a pas de bassin, on l'abat du carène, c'est-à-dire qu'on le met sur le côté en amarrant le haut de ses mâts à un bateau nommé *ponton*. Cette opération est fort dangereuse, lorsqu'on n'y emploie par tous les cordages ou appareils nécessaires. J'ai entendu dire ici qu'à Toulon, il venait d'y périr dernièrement beaucoup de monde.

A 8 h., j'ai entendu la messe sur le gaillard d'arrière du *Northumberland*, elle est précédée en pareil cas d'un *Asperges* et suivi d'un *Te Deum*. Le vaisseau est bien nettoyé, orné de lauriers et autres feuillages. Les principaux officiers et ingénieurs assistent à cette messe, tout inspire la gaieté dans ces préparatifs.

A 11 h., j'étais devant la cale du *Northumberland*, tout le monde commençait déjà à s'y assembler et le vaisseau a été lancé à l'eau à midi 1/2. J'ai longtemps balancé sur la place à la quelle je me fixerais pour le voir, et suis enfin resté au pied d'une grue à la gauche de la cale. Le vaisseau est passé très près de moi, mais je n'ai vu que le ventre, et je n'ai pas joui du spectacle en grand, j'aurais été beaucoup mieux sur le vieux *Northumberland*, qui semblait placé de l'autre côté, et comme exprès pour le spectateur. Il l'ai vu, comme on entend un concert, lorsqu'on est près des contrebasses, et n'ai pu en juger l'effet. J'étais d'ailleurs dans une appréhension continuelle qu'une sentinelle qui avait fait reculer plusieurs spectacteurs sans uniforme, n'entreprit aussi de me faire ôter de ma place, car dans ce pays-ci, tout ce qui ne porte point uniforme, a souvent du désagrément. Je ne voyais pas tous ceux qui étaient montés sur les rochers et qui étaient qui couvraient les quais, spectacle vraiment pittoresque.

J'ai cependant assez bien vu ôter la dernière cheville et le vaisseau commencer à s'ébranler ; il marche, d'abord, lentement, mais sa rapidité augmente à mesure qu'il avance dans sa course, de sorte qu'il entre dans l'eau avec impétuosité, les flots se sont soulevés et le vieux *Northumberland* a pris un mouvement de tangage très sensible.

Voici en quoi consiste l'appareil de cette magnifique opération : le vaisseau, au lieu d'être supporté par les chantiers et les accords sur lesquels il a été construit, est mis sur des ventrières, des anguilles, des colombiers, qui font corps avec lui, y étant serrés par des cordages très forts, et tout neufs. Il n'est plus retenu que par quelques pièces de bois en avant, et en arrière, par des cordages, nommés saisines, on ôte les uns et on coupe les autres, au dernier moment, de manière que le vaisseau marche de son propre poids sur le plan incliné et entre dans l'eau. Et, de plus, il y a de gros câbles, nommés, je crois, soutiens, qui passent dans les écubiers et se dévidant, pendant que le vaisseau marche, l'arrêtent au bout de sa course, étant de la longueur du chemin qu'il doit parcourir, soit sur la terre, soit dans l'eau ; les deux côtés de la cale sur lesquels courent les anguilles sont couverts de graisse et de suif, et ils l'étaient tellement cette fois-ci qu'au jugement des connaisseurs, il a été trop vite. Lorsqu'on construit un vaisseau dans un bassin, on conçoit bien que cette opération n'a pas lieu, l'eau entre par les portes et le soulève.

L'opération finie, j'ai été joindre M. de la Porte, et l'ai accompagné seul chez lui, j'aurais cru qu'il aurait eu autour de lui un côté si différent ; sa sensibilité et son impatience bien fondée sur ce que on n'avait pas donné un cadre à brancards à un malheureux charpentier qui venait d'avoir la cuisse cassée au moment du départ du vaisseau, il était chargé de couper une saisine.

Dîné avec M. le prince de Salm, M. le comte de Guibert, toujours avec M. le comte de Clugny, etc. M. de la Porte est bien faible et malade depuis quelques jours et a des étourdissements et se trouve mal de temps en temps, — quoiqu'il ait l'air fort sage, fort instruit, et raisonne de tout très bien. Son état n'est pas à envier. Il a des contradictions de toute espèce, deux fois levé de table avec impatience, un travail excessif, obligé de répondre à tout le monde et de faire beaucoup d'honnêtetés à tous ces militaires de marine et de terre qui le regardent comme fort au-dessous de lui. Sa table est assez bien servie, mais peu de monde. Il est, lui-même, mis fort simplement, je ne l'ai vu porter que le même habit de drap couleur noisette. Sa femme a mal pris, dans ce pays-ci, comme il a été dit le 28 avril.

Sortant de chez M. de la Porte, je me suis trouvé avec M. Guillot, fils du commissaire général de Saint-Malo. Il a logé chez M. de la Porte, il me paraît étourdi et suffisant. Il m'a mené voir le magasin général où on trouve tout ce qui est nécessaire pour les vaisseaux : cuivre pour les doubler, lanternes, tapisseries, parois, linge, hardes des matelots, clous, ustensiles d'autel et de chirurgien, etc.

Jeudi 4. — A 11 h. 1/2 au château, où M. Margouët m'a fait entrer à la nouvelle salle d'armes, c'est sans contredit une des plus belles du royaume, de là, monté sur la tour de Brest, d'où on a une très belle vue.

Vu le magasin particulier du vaisseau le *Magnifique*, de là, au bagne. Les forçats y sont enfermés dans quatre grandes salles. Ils habitent ou couchent 8 ou 9 sur chaque dolas. Ce sont de grandes tables de bois ; dans l'entre-deux de chaque dolas, il y a des latrines et une fontaine où ils peuvent aller tout enchaînés, les fers qu'ils ont aux pieds ayant assez de longueur pour cela. Ceux qui font de la fatigue travaillent aux ouvrages extérieurs du port et étaient absents en ce moment. Les autres sont vieux ou infirmes, ou ont quelque métier de cordonnier, tailleur ou autre. Comme ces salles ont une odeur empestée, un forçat marche ordinairement, en brûlant de l'encens, pour avoir la pièce, ce qu'un d'eux a fait pour moi. Il y a derrière ce bâtiment une potence toujours dressée, lorsqu'on en pend un pour avoir tiré le couteau, ou autre rebellion, tous sont à genoux, le bonnet bas, des deux côtés de la cour. Deux cachots sont au bout de chaque salle et le banc où on reçoit la bastonnade à ceux qui ont commis quelque faute ; — il y a des forçats, qui, en donnant un sol par jour, ont le privilège d'aller et venir dans les salles, n'ayant qu'un seul fer au pied et point de chaîne. Il y en a d'autres qui obtiennent d'aller et venir dans la ville ; j'en ai vu un, en sortant du bagne, qui avait même une anglaise grise, mais toujours la veste et le petit bonnet rouge. Ces forçats sont gouvernés, d'abord par un commissaire de marine, uniquement chargé de cette partie, et il a sous lui plusieurs commis. Les comités sont chargés de surveiller immédiatement les forçats et ont sous eux les sous-comites, les argousins, qui les gardent dans les salles, et les perthuisaniers, qui les suivent dans les travaux du port. Il y a environ 2.500 forçats, et on dit qu'ils coûtent au roi chacun un écu par jour. Le nommé Bourbon est dans un cachot et on a pour lui des attentions particulières. Je n'ai point demandé à le voir et ne sais pas si cela est difficile.

Du bagne, nous avons été aux Corderies, haute et basse. Chacun de ces bâtiments a 1200 pieds de long et 3 salles de cette longueur. M. Roland m'y a fait distinguer les longis, le touvon, les havresières, les grelins, les tournets, les canettes, couvertes et non couvertes. On peut reconnaître les cordages faits dans une corderie royale, à ce que, si le cordage est noirâtre, on y mêle un fil blanc dans le longis, et s'il est blanc, on en mêle un noir. Etuves très bien imaginées pour goudronner les fils. Odeur très forte de goudron qui ne m'était cependant pas fort désagréable. Ayant passé l'eau à l'hangard aux bois, nous avons été voir leurs nouveaux magasins qui sont en face. L'un sert pour les vivres et l'autre pour les mâts, il y a aussi dans cet endroit un atelier de mâture, outre celui qui est près de la montagne.

Descendu dans le fond de la cale de l'entrée, de la construction de M. de la Mothe. Vu distinctement les carlingues, la vaigre, les mailles, les porques, etc. gournailles enfoncées du dehors, que l'on couche en dedans au niveau des vaigres, y enfonçant de petits morceaux de bois pour en bien boucher les trous. Longue échelle, pour en boucher les sabords. Elle n'est point aisée à monter, encore moins à descendre. Entré dans plusieurs ateliers et magasins, le long de Recouvrance, le magasin des mâts, des hunes, des gouvernables, etc., belles gorges, fabrique d'affûts.

Le soir, visite à M. de Champeroux, qui m'a encore bien confirmé dans ce que j'entends dire à tout le monde, que le corps de la marine est très insolent et n'a cependant pas toujours tenu bon contre les officiers auxiliaires et ceux de terre, qui en étaient méprisés et les ont souvent fait taire.

Vendredi 5. — A 2 h., j'ai été chez M. de Margoüet, où j'ai vu faire les paquets de M. de Kernoel que son père, inspecteur général des vivres de la marine, demeurant à Paris, et n'ayant que lui d'enfant et une fille (*sic*), veut faire embarquer comme volontaire sur un corsaire qu'on arme à Lorient. Ce jeune homme n'a rien fait jusqu'ici et vient de se débarquer de dessus le *duc de Bourgogne*, où il était en rade avec M. de Tervay, parce que M. de Medine, capitaine de pavillon, l'avait fait lever de table, pour donner sa place à un garde-marine. Bref, M. de Kernoel va partir de çà demain.

Déserteur dégradé à 3 h. 1/2 sur le *champ de bataille*. Tout son régiment s'y est rendu au son de la musique, ainsi que des détachements d'autres corps. Ils ont formé une enceinte carrée, au milieu de laquelle on a amené le criminel et on lui a lu son arrêt. On lui a ensuite mis une giberne qu'on lui a ôtée par les pieds. Dans cette enceinte, où M. Margoüet m'avait fait entrer, je me suis trouvé absolument seul, n'étant pas militaire ; regret que j'ai eu de n'avoir pas abordé M. de Lazignan, major de la place, sans lui ôter mon chapeau et par inadvertance.

A l'académie de marine avec M. Roland, vu à loisir le modèle du bassin de construction que M. Grognard a fait faire à Toulon. Dernière machine pour mettre exactement de niveau le fond de la mer à 34 pieds de profondeur, afin d'y obtenir son bassin. Radeau de mâts sur lequel il a commencé à construire sa caisse, il l'a ensuite coulé à fonds par le moyen de boulets de canon et de barrique vuidés dont il a fait ôter les bondes, pour y faire entrer l'eau de la mer : le commencement de sa caisse étant ainsi sur l'eau, sans avoir été obligé de la lancer, comme un vaisseau, ce qui n'eut pas été possible à cause de sa forme carrée, il a élevé sa caisse à la hauteur de 36 pieds, et l'a coulée à fonds avec les matériaux même qui lui ont servi ensuite à construire son bassin en pierres. Enfin, bateau porte très ingénieux, qui sert d'écluses. Resté plus longtemps que M. Roland, pour voir les autres pièces de la salle, plusieurs modèles de vaisseaux ; machines à mâter, canon qui part avec un chien comme un fusil.

M. Vincent, secrétaire de l'Académie, m'a ensuite montré la

bibliothèque, où on s'assemble tous les jeudis. Il y a de fort bons livres, l'Encyclopédie, les ouvrages de M. Duhamel, tous ceux qu'on peut désirer sur la marine, etc. Elle est publique pour tous les gens comme il faut, tous les jours, matin et soir à des jours fixes ; on l'augmente tous les ans de 1500 # employés en achats de livres ; cette somme est prise sur les 6000 # que le Roi donne tous les ans pour l'entretien de l'Académie. M. Vincent est très honnête et obligeant.

Samedi, 6. — Déjeuner chez M. de Champeroux, il a la perspective d'être commissaire ordonnateur dans 2 ou 3 ans, ce qui vaut 7 à 8000 # ou de se retirer à Paris pour y vivre avec M. Dandanne, avocat, son propre oncle, frère de sa mère, qui l'a élevé et dont il doit hériter en grande partie.

Chez M. Lecointe de la Grave, aide-de-camp de M. de la Fayette, qui est marié depuis 13 ans, un brevet de capitaine de dragons ayant servi dans les gendarmes et été du nombre des supprimés. Il espère passer en Amérique avec la seconde division.

Visite à M. le marquis d'Antin, lieutenant du Roi, chez lequel je ne suis pas entré, il m'a fait dire de revenir dans une heure, avoir la permission d'avoir des chevaux.

On raconte que plusieurs capitaines des bâtiments de transport ne s'étaient pas trouvés sur leur bord au moment du départ de l'escadre, étant à s'enivrer dans les cabarets, qu'il avait fait partir des vaisseaux sans eux, et qu'il y en avait même un auquel on avait donné des coups de bâton pour le faire venir.

Dîné chez M. de la Porte avec M. de la Cardonie, jeune enseigne de vaisseau qui a vu le feu de près à Sarawrah, Sainte Lucie, etc.

M. Le Roy m'a conduit au *London*, ancienne prise anglaise, dont on avait fait un brûlot, qui même a fait les deux dernières campagnes pour cet usage, mais aujourd'hui on va encore changer sa destination et en faire un bâtiment de transport ; grande activité de M. Le Roy, chargé de ce brûlot et d'armer le *Bien-Aimé*. Chaque ingénieur a son canot, il m'a conduit dans le sien. M. Le Roy a fait sur le vaisseau du général la campagne d'Ouessant et la dernière, et a été exposé. Il commandait les canons sur le premier pont et est monté deux fois parler au général sur le gaillard pendant le combat.

Le *Royal-Louis* que l'on construit à présent, de 110 canons, par

M. Guignasse a 186 pieds du dehors de l'étrave au dehors de l'étambot, 50 pieds au maître ban de dehors en dehors des membres non compris le bordage extérieur, creux de dessus quille à la ligne droite du maître ban, 24 pieds 6 p. la hauteur du haut du couronnement de l'arrière jusqu'au-dessous de la quille est d'au moins 62 pieds. Celle du bas de la quille au haut du grand mât de perroquet est de 220 pieds. Le poids d'un vaisseau de 110 canons, chargé des hommes, des munitions de guerre et de bouche, ce qu'on nomme le déplacement total est de 4800 tonnes ou 960.000 pesant. Pour construire un vaisseau de ligne, il faut un peu moins de 1000 pieds cubes par canon de toute espèce de bois, non compris la mâture.

Mon séjour à Brest a été assez désagréable, car j'y ai eu mauvais temps. J'étais fort mal logé dans une maison des plus malpropres, ayant au-dessus de moi des voisins qui faisaient un bruit incommode et continuel, marchant avec des sabots sur des planchers fort minces, chantant tantôt le *Te Deum* ou le *De profundis*, des ariettes de la comédie italienne, ayant chiens, chats, perroquets, haut bois. etc. J'avais beaucoup de peine à travailler.

Pour vivre, j'ai fait venir, lorsque je mangeais chez mois, de chez la femme Desmarets, sur le Champ de Bataille, à côté de la comédie, fort cher, mal apprêté et incommode à servir. Elle ne me fournissait pas même de linge, personne ne fait ainsi, tous les étrangers, ou mangent dans les maisons, ou vont aux tables d'hôte, cela n'était guère décent pour moi, qui mangeais chez l'intendant, M. de Langeron, etc. D'ailleurs ces tables d'hôte sont ordinairement formées de différents corps de militaires. Mauvais pain, salé. J'aurais pu facilement avoir de celui des vivres qui est excellent, en demandant à M. de la Porte la permission d'en acheter.

De la Sosais, bon confiseur sur la place Médisance au coin de la rue Saint-Louis, bon pâtissier, rue des Mal Chaussés, qui fait tous les matins de fort bonnes petites brioches.

Mon hôtesse, la femme Briare, était une Acadienne, prête d'accoucher, d'une stupidité singulière, manquant de tout. Quatre mauvaises chaises de paille, un fauteuil à moitié cassé, deux tables aussi branlantes l'une que l'autre, un lit prêt à tomber en canelle, faisaient tout mon ameublement. J'ai été obligé de faire faire une clef des commodités, fort malpropres, elle ne se trouvait jamais quand j'en avais besoin.

Obligé d'acheter 4 assiettes, 6 serviettes, pots de terre pour mettre de l'eau,... j'ai appris trop tard que la femme Desmarets, la même qui me donnait à manger, avait plusieurs chambres fort propres, dont elle m'aurait donné une à un écu par jour, mais j'étais établi, je ne pensai pas à changer. Quant au bois dont je ne pouvais me passer, pour me chauffer, je n'en ai trouvé d'autre que les copeaux que les charpentiers vendent à la sortie du port.

On regarde comme un grand plaisir de voyager, il s'en faut bien, surtout dans ce pays-ci.

La ville est assez bien percée et mieux qu'on ne le dit, les rues de Siam, Grande rue, de la Communauté de Saint-Yves, sont fort belles. Le port est, quand il pleut, d'une saleté abominable, et il est bien étonnant que le Roi ne fasse pas la dépense de le paver, cela ne coûterait pas 100.000 fr. qui n'est pas la 10e partie d'un seul vaisseau de ligne de 100 canons. Cela est bien malsain et désagréable pour ceux qui y passent leur vie. Quelle différence des ports de Hollande, en petites briques sur champ. Dans les pays libres, le gouvernement s'occupe bien plus des individus. Au reste, le port de Brest se sèche promptement au moindre beau temps. On ne m'a pas demandé une seule fois à aucune porte ma carte pour y entrer. Cependant, il est toujours bon d'en avoir une. Dans cette ville, on ne doit point sortir, habillé ou non, sans épée, c'est l'usage à cause de la grande quantité de militaires de toute espèce, et elle est utile pour être distingué de ceux qui n'ont pas le droit de la porter. D'ailleurs un habit de drap uni suffit, il est inutile d'être galonné et je n'ai pas vu un seul habit de velours de la saison. Il est nécessaire d'être pourvu d'un manteau ou redingote par dessus son habit. J'ai fait grand usage de la mienne contre la pluie et le froid.

On peut entrer hardiment dans les magasins et ateliers, questionner et voir travailler les ouvriers. Il n'est pas vrai qu'il y ait à craindre d'être insulté par les gardes et officiers de marine. Etant prudent, il n'arrive guère plus d'affaires que partout ailleurs.

Il y a un grand café à côté de la comédie, où j'ai déjeuné deux fois, mauvais orgeat, mauvaise bavaroise, détestables petits pains. Les petits gâteaux sont en usage dès le matin.

On peut se promener assez agréablement sur les remparts depuis l'esplanade du château jusque derrière les casernes de la marine. A 10 h. est la retraite bourgeoise, passé laquelle heure, les bourgeois ne peuvent plus aller sans lanternes, à onze, heures du soir est la retraite militaire.

Dimanche 7. — Je suis parti de Brest à 10 h. 1/2 du matin. Je n'avais pu avoir des chevaux de poste et y ai beaucoup gagné, car Lambert en a trouvé trois bien meilleurs chez le nommé Pierre, loueur de chevaux sur le marché aux poissons, près Saint-Louis, où se font les exécutions. Le postillon n'avait pas, à la vérité, bonne mine, car il n'avait pas de bottes fortes et était tout déguenillé, mais il m'a mené à Landerneau en 2 heures, cinq lieues ; diligence étonnante, car on est, dit-on, quelquefois, pour faire ce chemin, 4 et même 5 heures. Il y a, à Landerneau, un assez joli port, j'en suis parti à 1 heure et suis arrivé au Faou à 4 heures. Le chemin est bien ferré et très uni, mais on y monte et descend beaucoup.

A midi, au Cranoux, dîner chez M. de Kerguigniou. Sa maison est dans la forêt même, laquelle forêt est au Roi depuis 1688, temps où il l'a acquise 200.000 # des ducs de Richelieu, elle a 1500 arpents.

Mlle de Kerdisieu, l'aînée, qui est fort jolie, a chanté un petit air, la seconde a pincé de la guitare, et a joué en sonates de violon, accompagnée par M. de Kerguiniou, qui jouait de la basse dans une position affreuse, son instrument étant le violon ; cela était assez faux et mal en mesure, on dit que M. de Kerdisieu son frère, excelle sur le violon. M. de Kerguiniou n'est retiré dans ce désert que depuis deux ans, dégoûté par le bouleversement de l'administration. Il paraît être un homme de mérite, mais dur pour ses nièces. Quelle affreuse solitude pour elles qui étaient habituées à voir du monde à Brest.

A 6 heures, je suis parti de Cranoux et arrivé au Faou à 7 heures, où j'étais fort bien au Lion d'Or. Le maître de cette auberge a eu onze enfants de sa première femme, et ne peut vivre avec celle qu'il a actuellement parce qu'elle ne peut les souffrir, ce qu'on m'a servi était fort propre. Seulement, ce matin, j'ai eu l'incommodité de voir entrer et sortir à chaque instant les filles de la maison pour arranger le linge qui était dans l'armoire de ma chambre. Point de remise ni de cour dans cette auberge, ce qui est une des incommodités de ce pays-ici. Je n'ai vu cela dans aucun autre pays, ni province du royaume.

Mardi 9. — Parti du Faou, à 7 h. 1/2 et arrivée à Quimper-Corentin en Cornouailles à 2 heures après-midi, 9 lieues, moulin à poudre avant d'arriver à Châteaulin, jolies promenades à Quimper, surtout belle allée d'ormes le long de la rivière. Cette ville est bien mal bâtie, les rues étroites et sales. La maîtresse de ce Lion d'Or a la langue bien affilée, elle est fière d'avoir logé l'Empereur, M. d'Aranda, le comte d'Artois, le duc de Chartres. Chevalier de Saint-Louis, dans la chambre duquel j'ai mangé et qui se plaint beaucoup de l'auberge des Trois Marchands, où je vais, à Rosporden. La maîtresse du Lion d'Or a beaucoup appuyé, en disant qu'elle y avait vu des draps sales. Elle se vantait aussi beaucoup d'avoir du beau linge et de servir proprement, mais sa maison est fort triste et enfumée, d'ailleurs, elle m'a fait payer d'une cherté excessive, me demandant 6 # pour un morceau d'agneau, une omelette et des fèves, de sorte qu'une autre fois, j'irai dans cette ville à la Grande maison, qu'on dit être aussi une bonne auberge.

Etant parti de Quimper hier à 3 h. 1/2, du soir, je suis arrivé à Rosporden à 6 h. 1/2 (5 lieues), et suis descendu aux Trois-Marchands, qui est encore moins mauvaise, dit-on, que l'Image Notre-Dame. L'aubergiste de Quimper ne m'avait pas trompé sur la malpropreté de ce lieu ; j'ai eu la meilleure chambre qui était hideuse. Des officiers qui sont arrivés après moi ont été encore plus mal ; soupé, cependant, de bon appétit, avec de la merluche fraîche, une perdrix et du veau. Les draps qu'on m'a donnés étant très sales, j'ai été obligé de descendre moi-même parler à la maîtresse qui m'a dit n'en avoir point d'autres, et m'a donné par grâce des nappes dont on a fait mon lit. Coup d'œil dégoûtant de cette cuisine, que je n'oublierai jamais. Toujours le désagrément d'avoir sa voiture dans la rue, je l'ai fait garder la nuit.

Mercredi 10. — Parti à cheval à 7 heures du matin, avec un paysan parlant mal le français, qui m'a conduit à la forêt de Couetloque.

Arrivée le soir à Lorient, à l'Epée Royale, fort bonne auberge située à la porte du port et devant les cafés du Commerce et de l'Union (je suis entré dans ce dernier le matin de mon départ, pour prendre une carafe d'orgeat, qui était fort bonne. Je l'ai trouvé beau et très proprement tenu. Dîné avec un bon maquereau, la chambre commode et gaie, le meilleur lit que j'aie eu depuis mon départ de Paris.

Jeudi 11. — Visité la salle d'armes, garnie de sabres, épées, fusils et pistolets, rangés à l'ordinaire.

Dîné à 1 h. 1/2 chez M. de la Granville avec les princes de Salm et de Berg, du régiment d'Anhalt, en garnison à Quimperlé, on y a parlé de M. Leclerc, officier au régiment d'Anhaldt, excellent violoncelle et qui avait joué ces jours-ci seul au concert de M. Thevenard, commissaire de la Marine. Ils étaient venus à l'improviste lui demander à dîner. Mme de la Granville reçoit fort bien son monde, elle a deux filles et un garçon en bas-âge. Le plus âgé de ces enfants a, environ, huit ans ; dîner fort bien servi pour ces petits princes qui s'en sont allés peu après le dîner, et sur le compte desquels on s'est expliqué assez librement, après leur départ ; le prince de Salm laissa sur son assiette trois verres de vin du Cap, et de liqueurs, auxquels il n'avait fait que goûter. La maison de M. de la Granville est très agréablement située près de la tour, il a la vue du port et de la rade, jardins et plusieurs terrasses, il a, en outre, la jouissance du jardin dépendant de l'Hôtel des ventes, qui est fort grand, où il y a une belle terrasse.

Après dîner, M. Even, qui n'était jamais monté à la tour, l'a fait avec moi. On parvient, au haut, d'échelles en échelles, qui sont fort solidement établies dans l'intérieur de cette tour qui est creuse, il y a un gardien qui est chargé de faire des signaux suivant ce qu'il voit paraître en pleine mer, au-delà de la rade. Il nous a donné la clef d'un coffre où il y a une lunette d'approche au haut de la tour.

Superbes magasins qui sont sur le port, pour les marchandises qui arrivent de la compagnie des Indes, les bâtiments sont parfaitement réguliers, caisses de thé, café, canelle, mais en petite quantité, belles dents d'éléphants. Ces magasins sont vides aujourd'hui, en grande partie. Grand escalier fort noble dans le corps de logis, en face de la porte d'entrée.

L'endroit où est la comédie s'appelle « Dupremesnil », elle est beaucoup plus longue que large, il y a, de chaque côté ; une rangée d'arbres nouvellement plantée ; comme ce terrain est fort uni, cela forme une petite promenade très agréable.

A la Comédie, à 6 h. 1/2, vu le dernier acte du *Chevalier à la mode* de Dancourt et le *Milicien*, cette dernière est une vraie farce qui n'est point en l'honneur des militaires, ils y maltraitent un pauvre misérable pour lui escroquer sa maîtresse et son argent. Trois jolies femmes, près de moi, avec toutes les plumes et les grandes coiffures de Paris. La salle est petite mais jolie, tout nouvellement bâtie, on n'y joue que depuis un mois ; les deux colonnes de l'avant scène avancent trop. Elle a coûté environ 100.000 # dont le produit sera partagé aux négociants qui l'ont payée (M. le prince de Guémené a donné une somme de 100.000 # pour les décorations), de manière, toutefois, que les parts de ceux qui mourront accroîtront aux survivants, et quand ils seront tous éteints, la salle restera à ville, sur le terrain de laquelle elle a été construite. Il n'y a ni amphithéâtre, ni parquet ; mais il y a trois rangs de loges et on est debout au parterre.

Soupé à mon auberge avec le meilleur merlan que j'aie mangé de ma vie.

M. Gérard, négociant, m'a donné l'aîné de ses fils pour m'accompagner au Port-Louis, nous sommes entrés dans le canot à 9 heures moins un quart, mais ayant contre nous le vent et la marée, nous n'y sommes arrivés à ramer qu'à 10 heures.

M. Minard, commandant de la citadelle, nous a refusé de nous promener sur les remparts, nous disant que les officiers, même de la garnison, n'y allaient point. Elle paraît en fort bon état. Etant rentrés dans la ville, nous en avons fait le tour. Les remparts sont plantés d'arbres dans quelques parties et forment promenade. Nouveaux affûts de canons de remparts pour tourner plus aisément. L'air est très vif dans cette ville, assez bien percée. Vue de la pleine mer où on distingue facilement l'île de (blanc).

L'entrée de la rade est si étroite que les vaisseaux n'y peuvent passer qu'un à un et tout près de la citadelle. Revenu à Lorient en une demie heure, promenade dans la ville dont les rues sont bien pavées et bien alignées, traversé la place Royale ainsi appelée sur le plan, mais nommée dans le pays place de la Mission, plus modestement et plus convenablement, car elle n'est ni entourée de bâtiment, ni pavée. Il y a, de ce côté de la ville, un petit hameau renfermé dans l'enceinte de ses murailles, sorti dehors de la ville et rentré par une porte du port.

Dîné à midi 1/2 chez M. Gérard, avec un ancien capitaine de vaisseau marchand, retiré à Port-Louis, il jette feu et flamme contre le corps de la marine royale et chante les louanges de

M. d'Estainget du duc de Chartres pour la bravoure au combat d'Ouessant. M. d'Antry, receveur général des finances à Lorient, est de Senlis. Il était à côté de moi à table, étant gendre de M. Séguin, dont il a épousé la fille, il y a trois ou quatre mois. M. Gérard a cinq garçons et deux filles. L'aîné des garçons, qui m'a conduit ce matin au Port-Louis, est fort aimable, il a été élevé à Passy dans une pension, et a demeuré ensuite un an à Paris, dans la maison de M. Bouffé. Après dîner, M. d'Antry m'a conduit chez Mmes Henri et Descles, Grande Rue, où j'ai fait des emplettes. Le magasin de cette dernière est le mieux fourni de Lorient, de là, visite à Mme de la Grandville, où je me suis trouvé avec le marquis de Chabert, commandant l'*Hector*, qui est ici en rade, et plusieurs autres officiers fort empressés autour d'elle, ce qui me paraît lui convenir assez ; chez M. Even, que je n'ai pas trouvé et où j'ai laissé une carte de remercîments. Acheté trois pièces de nankin rue Orvy, chez la femme Martin, fort engageante et honnête. Dernier adieu à MM. Gérard et d'Antry, logés près l'un de l'autre. Ce dernier m'a conduit chez lui et m'a délivré gratis un passavant pour ce que j'avais acheté.

On m'a fait payer fort cher à l'auberge de l'Epée Royale, 22 # pour deux jours, quoique j'aie dîné en ville les deux fois et soupé avec un seul plat de poisson et du dessert. Peut-être est-ce parce que j'ai mangé dans ma chambre et non à table d'hôte ; d'ailleurs les maîtres de cette auberge sont sur le point de quitter, ce qui fait qu'ils ne ménagent point les voyageurs.

Il y avait dans la rade de Port-Louis environ 130 transports dont la plus grande partie, très petits, venant de Bordeaux à Brest, escortés de plusieurs frégates et ayant relâché dans cette rade à cause des vents contraires. Il y avait aussi dans le port et la rade de Lorient, plusieurs vaisseaux et, entre autres l'*Hector*, de 74 canons : le *Vaillant*, de 64, le *comte d'Artois*, l'*Alliance*, frégate du fameux Paul Jones, qui est ici depuis 3 mois.

Samedi 13. — J'avais demandé les chevaux pour 6 h. du matin, mais ils n'ont été prêts qu'à 7 h. 1/2. Je suis retourné, en attendant, dans le port, chez Henri Le Martin. Cette ville est une des plus propres que j'aye vue, on y peut aller en bas de soye blancs, malgré la pluie, parce que elle est fort bien pavée, en dos d'âne et qu'il ne s'y amasse point de crotte.

J'avais marchandé fort longtemps, ce matin, chez Henri, un joli jet que je n'avais pu avoir à moins de 72 #, Henri disant qu'il ne pouvait en rabattre, parce que c'était une commission. Etant en voiture, au milieu de la ville, je suis descendu pour aller l'acheter, afin de n'avoir point de regret. A un quart d'heure de Lorient, on est obligé de traverser la rivière de Pont-Scorff, ce qui m'a retenu une bonne demie heure, tant pour atteindre le bac que pour passer. Cet endroit est pittoresque, on y voit d'un côté la ville et le port de Lorient, et de l'autre le château de Trisaven appartenant à M. le prince de Guémené, sur le bord de la rivière. A côté de ce château est un petit bois qui sert de promenade aux habitants de Lorient. Parti du passage de Pont-Scorff à 9 h., je suis arrivé à Vannes à 2 h. après-midi. Cette route est fort belle, ferrée et très unie, le pavé, seulement, de Vannes, est à la bretonne, c'est-à-dire, des plus mauvais et des plus rudes. Ce sont de grosses pierres jetées çà et là, de manière qu'il y a alternativement un trou et une pierre, ce qui fait faire à une voiture des cahos insupportables. J'ai rencontré souvent, sur cette route, des hommes et femmes, marchant nu pieds, et portant leurs sabots et souliers à leurs mains, les femmes sont souvent vêtues de noir et ont des coiffures blanches, à peu près comme les guimpes des religieuses. On rencontre aussi des hommes suivant, en trottant, les chevaux de louage pour les ramener. Il n'y a plus sur cette route, de montées et descentes fort rapides, comme avant Quimperlé. Elles sont douces, et en petit nombre.

En passant à Hennebont, j'y ai demandé M. de la Pierre, qui est à Paris depuis 5 à 6 mois, il n'y allait pas autrefois si souvent, ni si longtemps. Il tient cependant, maison ici, quoique ne soit pas marié. Sa maison n'a guère d'apparence. M. Ponsart son secrétaire, était aussi à la campagne. Je me suis arrêté à Vannes, une heure, pour voir cette ville. Promenade appelée le Mail, où il y en avait apparemment un autrefois, le long du port. Celle nommée la Garenne, sur le haut, est un petit quinconce avec des triangles. Eglise des Ursulines fort propre, la cathédrale assez nouvellement bâtie, mais qui n'a rien de remarquable ; le palais de l'Evêque de même. Les rues, fort étroites et mal pavées et percées. La grande place où est le Collège qui était autrefois aux Jésuites, l'église en est fort bien. On dit qu'il y a mille ou douze cents étudiants, outre 2 à 300 enfants, chez les Frères

Quatre Bras ou de la Charité. Pont à Auray, pont à Hennebont, fort vilains.

Parti de Vannes à 5 h., je suis arrivé à Muzillac à 8 h., logé à la poste chez M. Girard, beau-père de M. Ponçard, secrétaire de M. de la Pierre, qui a épousé une de ses filles, quoiqu'il eût déjà sept enfants de sa première femme; il en a deux de celle-ci. Deux autres sœurs sont dans cette auberge, de 25 ans environ et fort grasses. A peine j'étais installé dans une chambre à feu au 1er, que comme il y avait trois lits, on est venu me prévenir qu'on était obligé d'y mettre coucher deux officiers, j'ai préféré la leur abandonner, et de monter dans une petite chambre au 2e sans feu. C'est un des inconvénients du voyage dans les pays où il y a des troupes, dans les temps où les officiers vont rejoindre. On n'est jamais tranquille ni sur les logemens ni pour avoir des chevaux de poste. Plusieurs autres voitures sont encore arrivées ensuite de sorte que les uns sont repartis, les autres ont couché, étant fort pressés, jusqu'à 2 dans un lit.

Dimanche 14. — Jour de la Pentecôte. A 8 h. du matin je suis parti à pied pour aller à l'abbaye de Prières et y suis arrivé à 9, on était à l'office. Un religieux m'a conduit au chœur, et j'ai entendu tierce, la grand'messe (où j'ai eu le plaisir d'y entendre à l'offertoire l'organiste jouer « *ce que je dis est la vérité même* », et deux ou trois autres airs d'opéra comique) et sexte, M. l'Abbé officiait et il n'y avait, en tout, que 16 à 18 religieux, y compris ses assistants et les chantres. Comme ils avaient de bonnes voix, le chœur était cependant fort bien soutenu. Après l'office, j'ai été saluer M. l'Abbé et lui ai remis la lettre de Dom Bayard, procureur général de l'ordre de Cîteaux, il m'a fort bien reçu, et paraît un homme d'esprit. Il a aussi occupé autrefois la place de D. Bayard, mais il a, malheureusement, une goutte sciatique sur les cuisses et les jambes qui l'empêche quelquefois de sortir de son fauteuil pendant trois mois, il en a eu les premières attaques à l'abbaye de Longpont qui est entourée de marais. Il est abbé de Prières depuis environ 15 ans, et l'air de la mer lui est sûrement très contraire. Il m'a montré son cabinet d'histoire naturelle qui m'a paru riche en coquillages, minéraux, fossiles et madrépores. Il a même quelques oiseaux empaillés, mais en mauvais état. Lui seul a formé ce cabinet, il paraît que c'est son seul amusement et sa consolation dans son triste état, il tire de Lorient une partie de ces curiosités, on lui en donne, il fait des achats et des trocs.

La bibliothèque est fort bien, mais ordinaire, il y a des polyglottes, la belle bible latine du Louvre, les Pères de l'Eglise, le réfectoire est très clair, très élevé et voûté en pierres comme une église : il a, par conséquent, l'inconvénient d'être très froid.

Dîner fort bien servi à midi, en un seul service, nous n'étions que 5 à cette table, le procureur, le célerier, un régent de Vannes, l'abbé et moi. Cette maison étant de la réforme, on y fait toujours maigre. Retons ou petites raies, fort insipides selon moi. Vu après dîner le jardin qui est assez agréable. Il y a un bois de sapins et un massif de maronniers. Entré de nouveau dans l'église, qui est à la moderne, ayant été bâtie au commencement de ce siècle. La croisée est entre le chœur et le maître-autel, comme dans toutes les maisons des bernardins. C'est, sûrement, un des plus beaux vaisseaux que j'aie vus. Le reste de la maison est assez vilain, le cloître, les dortoirs, etc.

M. l'Abbé m'avait bien offert sa voiture pour revenir, mais quoiqu'il fît un temps affreux je ne l'ai point acceptée, parce que les sentiers pour aller à pied sont assez commodes, et le chemin des voitures fort mauvais. Le régent de Vannes qui s'en retournait lui-même à Mille d'où il est, village fort près de l'abbaye, m'a fait voir, en passant, des marais salants. Il m'a expliqué en gros, comment l'eau de mer, entrant dans les vazières et ensuite dans d'autres réservoirs où elle s'échauffe, et elle s'éclaircit, elle vient enfin dans les œillets, où elle n'est qu'à deux ou trois pouces de profondeur, et où le soleil, achevant de la cuire, elle forme une crème sur la superficie, qui est le sel blanc. Le sel gris est au fonds, il suit de là qu'on ne fait du sel que pendant les chaleurs et lorsqu'il ne pleut pas. Les marais salants n'appartiennent pas tous au Roi, comme je le croyais, il en possède quelques-uns et a des dîmes sur d'autres, qui appartiennent à des particuliers. L'abbaye de Prières en possède beaucoup à Guérande et, par là, la guerre lui fait beaucoup de tort, par ce qu'elle ne peut vendre son sel aux nations étrangères. Elle est cependant obligée de payer toujours les pensions qui sont imposées sur elle. Tort que lui ont fait les troupes dans la dernière guerre, et surtout les officiers de marine qui, non contents de boire et de manger continuellement dans l'abbaye, pillaient le gibier et le poisson des étangs. Les vaisseaux de ligne qui sont entrés dans la Vilaine, y sont restés deux à trois ans.

De retour à Muzilllac, à 4 heures, je n'ai point jugé à propos de passer aujourd'hui à la Roche-Bernard, à cause de la pluie, d'autant que j'étais bien, et chez de fort bonnes gens, de plus, à bon marché, dont j'ai été honteux, car le maître ne m'a demandé que 6 #. 12 s., en tout, pour deux jours. Ainsi l'abbaye de Prières me coûte une journée tout entière; fort bien collationné le soir, avec pruneaux crûs, et surtout petits gâteaux légèrement sucrés, et croquants comme des gimbelettes et qui étaient fort bons, on m'a encore donné des raisins secs et des amandes qui sont la ressource des desserts de toute la Bretagne. Le pain était mauvais ici, j'ai été fort content d'avoir encore un morceau de celui que j'avais apporté hier de Vannes, où il est meilleur.

Lundi 15. — Je m'étais fait éveiller, à 5 heures du matin, mais entendant un grand vent, j'ai pensé qu'on ne pourrait passer à la Roche-Bernard, et me suis levé qu'à 7 heures, ce dont je me suis ensuite beaucoup repenti, car je me suis trouvé en concurrence avec trois voitures qui allaient prendre la même route que moi, mais je suis heureusement parvenu à partir le premier de Marsillac, ce qui a été si important, que je suis arrivé à Nantes à 6 heures du soir tandis qu'elles ne sont arrivées qu'à 10 h. 1/4. Ce retard a été occasionné par la grande quantité de courriers qui étaient aujourd'hui sur cette route, un évêque ayant 12 chevaux et plusieurs voitures d'officiers suisses qui allaient à Belle-Isle. Etant parti de Muzillac à 8 heures du matin, je suis passé à la Roche-Bernard vers 10 heures. On m'avait beaucoup effrayé de cette traversée de la Vilaine mais mal à propos. D'abord il n'y a point de danger à embarquer, parce qu'on arrête solidement le bac au rivage avec des cordes attachées à des crampons, 4 ou 5 hommes retiennent la voiture par derrière, tandis que le postillon conduit le cheval qui la fait entrer dedans. Le débarquement est encore plus facile, on peut juger que ces opérations ne sont pas dangereuses pour des chaises de poste puisqu'on peut bien faire passer des voitures énormes par leur volume et leur poids. Quant à la traversée, l'eau était un peu agitée au milieu et pouvait l'être davantage par un mauvais temps, mais je n'ai été que 5 minutes et demie à le faire.

Je n'ai fait que prendre du pain et du vin à Pontchâteau, pour conserver mon avance sur les voitures qui me suivaient, mais il me paraît qu'on serait fort bien au Lion d'or chez Merancourt, pour dîner et même coucher. Cette route est superbe, presque sans montée ni descente, et très unie, surtout depuis Landévant ; les chevaux sont bons, j'ai fait, constamment, ma poste par heure. Quoique j'aie beaucoup dormi cette nuit, je n'ai pu lire longtemps dans ma voiture, sans m'endormir ; on est comme bercé. On voit à droite et à gauche des plaines immenses de bruyères et de terres incultes, elles ne servent qu'à faire de mauvais pâturages pour les bestiaux et sont cependant, partagés avec grand soin par des fossés larges et profonds qui bordent aussi les chemins. Ils servent à écouler les eaux et à empêcher les bestiaux de sortir de ces terres.

Aux approches de Nantes, j'ai rencontré beaucoup de peuple qui dansait dans les guinguettes, et se promenait, parce que c'était fête, et qu'il faisait très beau. Les rues étaient pleines comme celles de Paris. Ayant choisi ma chambre à l'hôtel Saint-Julien, j'ai été sur le champ à la comédie, rue Bignon l'Estang, qui est tout près. On y finissait les *deux avares*, D'Arnonville, bonne basse taille et jouant fort bien. L'autre avare chargeait trop son chant et son jeu, ce qui paraissait goûté des spectateurs, l'amoureuse n'avait qu'un faible filet de voix ; assez mauvais orchestre. La salle est fort laide, étant arrangée dans un ancien jeu de paume. Il y avait deux bancs de spectateurs sur le théâtre, remplis d'officiers et autres, qui entraient et sortaient souvent et nuisaient à l'illusion ainsi que les deux grenadiers, fort mal placés à cause de la petitesse du théâtre, resserré encore par ces deux bancs de spectateurs. Il y en avait un qui masquait en partie la porte du tombeau des muphti, où l'avare est renfermé. Soupé ensuite à table d'hôte, fort bien, à mon auberge, à 9 h. 1/4.

Mardi 16. — Mauvais orgeat au café de la Comédie, rue Bignon l'Estang, peloté ensuite au jeu de paume même rue, vis-à-vis celle du Bouvet, c'est un petit dedans fort bien éclairé, sans tambour, comme le jeu de Rennes. Le paumier est d'un certain âge, mais il a été fort, et a joué autrefois M. Gaulard à but. — Visites à M. Graslin, receveur général des fermes, qui demeure rue Bouvet, il a acheté tout le Bouvet et le Quagasan, où il se propose de bâtir des maisons et percer des rues pour l'embellissement de ce quartier de la ville. Il n'a rien eu de plus pressé que de me montrer son plan et m'a beaucoup entretenu des traverses et difficultés qu'il rencontre de tous côtés pour son exécution, et qu'il espère cependant surmonter. Peloté au jeu de paume près la tour des Espagnols, c'est le plus fréquenté des trois qui sont aujourd'hui dans cette ville.

Mercredi 17. — A 8 heures, déjeuné au café du Commerce sur la bourse...

A 2 heures, dîner chez M. Graslin, fort bien servi.

A 5 h. 1/2 chez M. de Sourdeval, commissaire de marine demeure rue de l'île Feydeau, au bureau des classes. C'est un homme de plus de 50 ans, de bonne mine et ayant des cheveux blancs, mais phlegmatique et peu obligeant. Il m'a emmené promener d'abord, le long de la fosse, quai fort beau le long de la Loire ; il y a une rangée d'arbres entre les maisons très bien bâties et la rivière, ce qui ressemble un peu aux villes de Hollande. Six salles de magasins pour le sel, qu'on construit nouvellement Rencontré deux personnes avec lesquelles nous avons été dans les bois de Launay, c'est une charmante promenade, terrasse en belle vue, beaucoup de jolies allées, c'est ici que se vident quelquefois les querelles des Nantais : un jeune homme y a été tué l'année dernière. Le propriétaire de cette promenade, âgé de 83 ans, la rend publique, on dit que son héritier se propose de ne pas le faire, beaucoup de beau monde, femmes très élégantes, plusieurs carrosses au sortir de la promenade.

Jeudi 18. — Je me suis embarqué avec M. Dumesnil, à 5 h. 3/4 du matin, dans une barge ou grand canot, nous n'avions que deux mariniers auxquels le comte de Varincourt, commandant la frégate l'*Emeraude*, à Paimbeuf, avait permis de venir à Nantes. Cet officier exerce un despotisme cruel sur son équipage, il les met souvent aux fers ou sur un canon avec des boulets aux pieds, et aux mains. Il a même fait ce supplice à un cuisinier, qui en est mort. On dit même qu'il n'épargne pas davantage son propre fils. Arrivés à l'île d'Indret à 7 h. 1/2, nous avons déjeuné chez M. Girault, qui seconde M. Wilkinson dans ses travaux et est destiné à lui succéder, car on dit que M. Wilkinson va retourner en Angleterre. Dans cette île d'Indret, il y a un ancien château des ducs de Bretagne, qui leur servait de maison de plaisance. Depuis deux ans, on y a établi une fonderie de canons en fer, sous la direction de M. Wilkinson qui tenait, en Angleterre, avec son frère, une semblable manufacture; fourneaux à reverbères à la manière anglaise, dont l'effet principal est de conserver bien plus longtemps la chaleur du métal, et par ce moyen, de pouvoir fondre des pièces d'une bien plus grande longueur. Celle de 184 pieds de long, coulée d'un seul jet, a 9 pouces de large sur 2 1/2, d'épaisseur, son poids est de 25 à 30 mille, le fer est si liant que quand on l'a transporté, on lui a trouvé 17 pieds de surplomb ou d'arc sans rompre. Cette pièce sert à unir les pierres d'un quai sur lequel elle est placée. Il faut que les métaux soient fondus le plus vite possible pour être de bonne qualité, c'est en cela que les fourneaux de M. Wilkinson sont supérieurs à tous les autres. C'est aussi par eux qu'on peut faire servir les vieux fers et les gueuses; auparavant, on ne pouvait faire fondre que le métal en mine. Ce fer en fusion se jette dans des moules de sable renfermés dans des châssis de fer. Ces moules se forment eux-mêmes en foulant le sable entre un modèle de fer et le châssis. Ce modèle de fer est lui-même fait au tour d'après un premier modèle de terre, suivant la grosseur et la forme que l'on veut donner au canon. On se sert de charbon de terre pour chauffer les fourneaux. Superbes moulins à eau par le moyen desquels on fore quatre pièces de canon à la fois. Autre forerie pour deux pièces par des chevaux. On peut fondre et forer ici douze pièces de canon par jour. Pour transporter les pièces d'un atelier à un autre, on les met sur des « diables », qui sont de fort traîneaux à quatre roues et on les fait passer sur les barres de fer qui bordent les petits chemins, de manière que les roues portent sur ces barres de fer. Machine pour casser les vieux canons, on élève par le moyen d'une grue une masse de fer qui retombe sur les canons et les brise en morceaux, lesquels morceaux sont mis ensuite dans les fourneaux pour fondre de nouveau.

M. Wilkinson est un grand et bel homme d'environ 30 ans, il parle difficilement le français, a l'air peu honnête et désobligeant que l'on reproche communément aux Anglais. Il répondit avec peine et d'une manière maussade aux différentes questions que je lui fis.

M. Dumesnil, qui m'accompagnait, a 42 ans, il est directeur des poudres et salpêtres dans cette ville, depuis environ 12 ans, et avait vécu auparavant à Paris, où il était avocat sans causes et se divertissait. M. Micault de Courbeton lui a procuré cet emploi, et il s'est marié il y a deux ou trois ans. J'ai dîné chez lui à 2 heures, il demeure en haut de la rue Bignon-l'Etard, et est très bien logé, ayant un joli jardin au devant de son corps de logis, mais comme il n'y est pas chez lui, il a acheté des terrains très considérables, en face, nommé le Gigan et va y faire bâtir une maison : les jardins sont déjà plantés.

MM. Graslin, Ballet, de Sabrevois, directeur de l'artillerie du château, bon dîner, nous étions douze à table. M. Ballet est grand partisan de Linguet et ennemi de Gorlier, disant ouvertement que Linguet a prouvé qu'il est un fripon, que sa réputation, même du côté du talent est usurpée, qu'il en impose par un organe brillant et il ne sait rien. Il a même eu la sottise d'ajouter que, se trouvant à Paris, il avait dit devant plusieurs avocats qu'il voudrait avoir à plaider une cause contre M. Gerbier et qu'il ne doutait pas d'avoir l'avantage sur lui.

Après dîner, je me suis amusé quelque temps à voir des vues de villes et bâtiments dans une optique. A 4 h. 1/2, M. Dumesnil, malgré son énorme taille, a entrepris d'aller voir lancer le vaisseau, il faisait très chaud..... le vaisseau est descendu lentement à l'eau et n'a pas fait le même effet que le *Noothumberland*.

M. Berthaut, négociant, m'a conduit à l'hôpital qui est vaste, les bâtiments n'en sont pas décorés et magnifiques comme ceux de l'hôpital de Lyon, mais très simples, ce qui est bien plus convenable. De là, à la salle de lecture, c'est un endroit où se rassemblent 190 associés auxquels il en coûte à chacun 30 # par an, il y a plusieurs armoires remplies de bons livres et au milieu une grande table sur laquelle sont épars tous les journaux et papiers publics, ils y peuvent venir tous les jours de 7 heures du matin à 9 heures du soir. Les étrangers présentés par quelqu'un de la société y sont même admis, ils ont aussi des atlas et cartes de géographie à côté de la salle de lecture et celle de la causette où ils s'entretiennent des nouvelles politiques et de leurs affaires, comme ce lieu d'assemblée est sur le quai, vis-à-vis la fosse, vis-à-vis la bourse, il leur sert de rendez-vous continuel.

Ayant quitté M. Berthaut à 6 h. du soir, j'ai été traverser tous les ponts depuis celui de la Poissonnerie jusqu'à la tour de Pyrmil, j'ai fait ce tour en 28 minutes, en allant un très grand pas, il faudrait environ une demie heure d'un pas ordinaire. Ces ponts sont fort ordinaires et n'ont de remarquable que leur longueur.

5

Il n'y a de parapets que de la largeur d'un pied environ pour une seule personne. Les six bras de rivière sur lesquels ils passent sont de largeur fort inégales, le plus large est d'environ 3 fois la Seine prise au Pont Royal. J'ai passé la tour de Pyrmil et ai été jusqu'à l'endroit où la Sèvre se jette dans la Loire. Joli pont de bois tout neuf, belles prairies et promenades agréables que l'on aperçoit le long des bords de cette rivière qui est ici presque aussi large que la Seine au pont Royal. S'il n'avait pas été si tard, j'aurais pu aller à la fonderie de canons de M. Prévot à la côte de Saint-Sébastien, on y avait coulé ce soir même, mais on m'a dit que ces travaux ne sont point comparables à ceux de M. Wilkinson à l'île d'Indret. Il n'y a, dans ces îles, depuis Pyrmil jusqu'à la porte de la Poissonnerie de bâtiments un peu considérables que l'Hôtel-Dieu et le couvent des Récollets. Le jardin de cette dernière maison doit être agréable ; du reste, toutes les maisons, sur la route, dans ces îles, sont fort laides, les prairies qui sont derrière peuvent être de jolies promenades ; j'ai enfin terminé ma journée, en allant chez M. Thébaud, procureur du Roi de la maîtrise, rue de Verdun.

Vendredi 19. — Monté sur le vaisseau qui a été lancé hier. C'est un gros navire qui sera armé en guerre et en marchandises, et portera 40 canons. Son nom est le *Necker*, construit aux frais de M. Lenoir, négociant ; il y avait une douzaine de navires de différentes grandeurs en construction dans le port.

A 9 h., au château, chez M. de Sabrevois, directeur des constructions de l'artillerie. On travaille ici principalement aujourd'hui, pour les affûts de côte de la nouvelle espèce, comme ils ne sont point faits pour marcher, ils n'ont point de grandes roues mais leur arrière décrit un cercle et les canons reculent sur leurs propres échaffaudages. Un seul homme peut les diriger en suivant le mouvement du vaisseau sur lequel il tire, et en même temps, faire partir le canon en tirant une corde qui fait mouvoir une platine semblable à celle d'un fusil. Machine fort ingénieuse pour faire d'un seul coup de (blanc) et poser ensuite de même de petites plaques que l'on faisait auparavant au tour, ce qui était beaucoup plus long. On fabrique ici tout ce qui est nécessaire en menuiserie et serrurerie pour les constructions d'artillerie. Le commandant du château et de la place est réduit à son logement et ses prisons, ce qui lui déplaît assez.

Ce château est un des morceaux anciens le mieux conservés, il a été bâti, je crois, par Anne de Bretagne. M. de Sabrevois nous a montré l'endroit par lequel le cardinal de Retz est descendu avec des cordes pour se sauver. Les fossés sont profonds et larges ; belle vue de cet endroit près de la salle d'armes où il y a de quoi armer 7 à 8000 hommes. Fenêtres de la prison où ont été mis au commencement de ce siècle quatre gentilshommes qui ont eu la tête tranchée pour conspiration contre l'Etat.

Après dîner : le cours, belle promenade. La cathédrale, où il n'y a que la nef, qui est une des plus belles et des plus élevées que j'ai encore vues. Le chœur est postiche et fort petit, n'étant pas du tout de la même construction. Nouvelle chambre des comptes sur le quai de la rivière d'ordre, (qui par parenthèse, a une eau fort noire). C'est le seul édifice public que l'on puisse citer à Nantes, il n'est pas encore achevé. On travaille à boiser les dedans, le grand escalier n'est pas fait.

On avait eu l'amabilité de m'envoyer un billet de concert, il y en a un les lundis sur la Fosse, composés d'amateurs, mais celui d'aujourd'hui, le vendredi, l'est, en grande partie de musiciens. Il se tient rue du Moulin, près les Carmes. Ariette dans le goût italien, avec des paroles françaises chanté par Mlle Finetti, musicienne. Les amatrices ne chantent point à ce concert. Duo : *ah ! que tu m'attendris*, du *Sylvain*, exécuté par M. d'Arbouville et une femme qui avait une mauvaise voix. Symphonie concertante, exécutée par un Américain, un des quatre plus forts amateurs de violon, et un musicien. Le concert a été terminé par un chœur. Ce concert est formé par une soixantaine d'associés qui payent chacun 72 # et ont deux billets. La salle est petite et fort chaude. Les femmes y sont très parées et bien placées, en deux amphithéâtres opposés, l'orchestre est, à un bout et l'entrée à l'autre. M. Bèlotti m'a mené sur la terrasse de la Bourse, où il y avait du beau monde. J'ai reçu les adieux de M. Chendret, ancien camarade du collège de Beauvais, aujourd'hui en relation d'affaires avec mon père, il m'a singulièrement fatigué d'honnêtetés tous ces jours-ci, et m'a aussi amené Chateau, ancien écolier de Vaillant.

La ville de Nantes est une des plus belles du royaume, les maisons des particuliers sur les quais de Brancas, de la Fosse, sont supérieures à ce que nous avons en ce genre à Paris, et d'une grande solidité. Il y a aussi, comme à Paris, d'anciennes rues et bien plus affreuses, entre autres, celle de la Poissonnerie dont les maisons sont hideuses et bâties en bois et de manière que le haut se touche presque, ce qui nuisait autrefois beaucoup au jour et à la salubrité de l'air. Il manque ici un hôtel de la Bourse et une salle de spectacle. Je n'ai pas vu l'Hôtel-de-Ville que l'on m'a dit être ordinaire. Il y a des fiacres fort propres qui se tiennent ordinairement sur la place de la Bourse, on trouve aussi des carrosses de remise. J'ai été fort content de l'hôtel Saint-Julien où il en coûte 4 # par jour pour être logé et nourri à la table d'hôte. Si on mange dans sa chambre, il en coûte 6 #. J'ai été fort content de cette table d'hôte. C'est la meilleure manière en voyageant, on y est fort honnêtement et on y apprend beaucoup de choses sur le pays dans lequel on se trouve. On dit que les tables de l'Hôtel de la Comédie et de celui du Chapeau Rouge sont encore meilleures.

Samedi 20. — Parti de Nantes à 5 h. 1/4, route fort belle depuis Nantes jusqu'à Ancenis, mais mal montée, on y va lentement. Beau coup d'œil avant de descendre à Houdon, où le chemin vient regagner la Loire.

Arrivé à Ancenis vers 10 heures, au Grand Louis, auberge de la Poste, déjeuné avec du vin de champagne qu'on m'a fait payer 5 # la bouteille; jolie quêteuse, mise avec la plus grande élégance, elle était accompagnée d'une religieuse, mis autour de ma ceinture la robe de soie que j'avais achetée pour maman à Lorient. M. de Besley, officier au régiment au Boulonnais, qui étant parti de Nantes en bateau, pour aller à Angers, y avait renoncé et était descendu ici, hier au soir, il m'a demandé une place dans ma voiture, que je lui ai donnée. Il est Bourguignon et sa terre est à trois lieues de Dijon, il a fait la guerre en Corse, il était allié de M. de Saint-Germain, son frère ayant épousé la nièce de ce ministre, qui aurait été fort utile à son avancement, s'il eût vécu et fût resté en place.

Etant donc partis d'Ancenis à midi, nous sommes arrivés à Angers à 8 heures du soir. Comme ses compagnons de voyage avaient fait retenir une chambre à l'Ours, il y a été loger et moi au Cheval-Blanc. Il a seulement payé un cheval par poste. J'ai été légèrement fouillé à la Riotière près d'Ingrandes, avant Chantou, j'ai montré mon passavant de Lorient, et on a seulement ouvert mon panier. On n'a rien ouvert en entrant dans Angers, et on a seulement mis un nouveau vu sur le passavant.

Dimanche 21. — Été à la messe à Saint-Aubin, où tout le régiment de dragons se trouvait, ainsi qu'une grande partie de la ville d'Angers. Dîner à 1 h. 1/2, vu le commencement du pont ruiné, de là au château, voir la cage où on dit que une reine Cécile ou de Sicile est morte après 14 ans de prison. Ce château est vieux, les fossés en sont larges et profonds, cette cage ressemble beaucoup à celle du mont Saint-Michel.

Un jeune homme qui avait dîné avec moi au Cheval-Blanc m'a mené au camp de César, dont parle le s^r Morthey, dans ses *recherches sur Angers*, nous avons été à une bonne lieue de la ville, au lieu dit de Châtelier suivant son indication. Nous n'y avons vu que quelques piliers de 4 pieds d'épaisseur, sur 5 ou 6 de hauteur environ, qui paraissent effectivement unis avec le mortier des Romains, une vieille femme qui demeure aux Châteliers nous les a montrés du reste, ce pays est couvert de hayes, d'arbres, de grains, et on ne voit pas le dessin du camp comme celui de Compiègne, au mont Gannelon. Le grand Mail, assez longue promenade de trois allées d'ormes. Le petit Mail, beaucoup plus court, mais plus large, il y avait du monde et des femmes assises sur des chaises. Etant arrivé au théâtre au quatrième acte d'*Amphytrion*, qui avait été précédé de l'*Indigent*, comme le bureau était fermé, on me laissa entrer gratis, d'abord au parterre, ensuite aux premières loges. La salle est petite, mais assez bien arrangée. Acteurs passables, c'étaient, je crois, ceux de Nantes. Assez bonne limonade au Grand Café, rue du Cornet, et biscuits d'anis du Pont de Cé que l'on m'a fait payer six liards chacun, ainsi que des échaudés.

Lundi 22. — M. l'abbé de la Carterie, m'a conduit à l'Académie d'équitation tenue par M. de Figuerolles. C'est un très beau bâtiment, précédé de deux jolis quinconces. Chaque élève paye 1800 # de pension, a un petit appartement et est nourri à la table commune qui est très bien servie, il ne paye qu'en partie les maîtres de danse et d'escrime ; les autres, de musique, dessin, mathématiques, en entier. On monte tous les jours à cheval, excepté le dimanche et le jeudi, et chaque jour, l'écolier fait douze reprises, aussi une année suffit-elle pour bien monter. On apprend a courir les têtes avec l'épée, le pistolet, etc., dans la cour même, où j'ai vu les poteaux disposés pour cela. Il y a toujours dans les écuries une trentaine de chevaux. Il n'y a, dans ce moment, que six écoliers (de ces six écoliers, il y en avait au moins un d'anglais), à cause de la guerre, parce que le plus grand nombre est ordinairement anglais, je tiens ces détails de M. Figuerolle lui-même. Les élèves portent un uniforme écarlate avec boutons d'or, doublures et parements bleu céleste ; il y a deux manèges au bout l'un de l'autre, dans le même bâtiment, de manière que d'une espèce de terrasse intérieure qui est au milieu, on voit dans l'un et dans l'autre à la fois. Ecuries où j'ai vu de très beaux chevaux, M. de Figuerolle mène de temps en temps promener ses écoliers dehors, mais il ne leur prête jamais de chevaux pour sortir sans y être lui-même, parce qu'il peut y en avoir d'imprudents, et afin de ne point exciter de jalousies entre eux ; 2° à la tour de l'Eglise Saint-Maurice, cathédrale, l'escalier est assez obscur et en mauvais état, mais la vue en est fort belle. Cette cathédrale est, proprement, une chapelle n'ayant pas de bas-cotés. La voûte en est très hardie par sa largeur, plusieurs tombeaux antiques quelques tableaux, et armoiries des chevaliers de l'ordre du Croissant. Grillage de fer sur le pavé d'une église, devant un autel, de la croisée en entrant à gauche, ce qui prouve m'a-t-on dit, qu'un chevalier prisonnier y a été enterré ; 3° à Saint-Mainbœuf, les bottes ou brancards qui servent à soutenir les torches qui seront exposées mercredi prochain, et portées jeudi à la procession de la Fête-Dieu. Vu ensuite les torches elles-mêmes, rue Saint-Aubin, un peu au-dessus du Cheval Blanc, chez celui qui les fait. Ce sont des figures de cire de grandeur naturelle dont on formera des groupes représentant différents traits de l'ancien testament ; Elles sont couvertes de plâtre, ou de papier peint et doré, il faut qu'il y ait au moins quinze figures sur chaque botte, ce qui fait en tout 144. On donne au faiseur 2400 # qui sont payées par tous ceux qui ont boutique ouverte. Voyez sur cette fête nommée le sacre d'Angers *Piganiol de la Force et les recherches historiques* de M. Moithey. Si, dans la chambre du supérieur de l'Oratoire un tableau représentant un amphithéâtre des Romains dont on voyait les restes dans les jardins des Bénédictines de Fidélité, qui les ont détruits parce qu'elles étaient souvent importunées par des curieux qui voulaient les voir. Ce tableau est très bien fait et nous a été montré fort honnêtement par M. le supérieur. Ardoisière, tout près d'Angers. Roue tournées par des hommes pour monter l'eau et les ardoises. La carrière est ouverte et se fend toujours en creusant, le creux est un abîme effrayant. On y descend d'échelles en échelles. Manière adroite dont les ouvriers séparent la pierre d'ardoise par feuilles avec un long et mince ciseau. Un autre ouvrier les coupe d'un morceau d'un pied environ sur 8 pouces de large. Les particuliers qui ont des terrains propres aux ardoisières doivent les céder moyennant 800 # l'arpent. Cette ville est on ne peut plus mal bâtie et ne répond pas à l'idée qu'on pourrait en avoir en voyant le plan de M. Moithey. J'aurais pu voir la salle de l'Hôtel-de-Ville si j'avais eu plus de temps, et le jardin où il y a une petite statue de Louis XIV, mais, surement, cela est bien peu de chose, j'aurais aussi pu voir le petit bois du roi qui est à une demie lieue de la ville, et les Ponts de Cé, à une lieue. J'ai été très content de l'auberge du Cheval Blanc, il y a, aussi dans cette ville la Boule d'Or et l'Ours, mais je crois qu'elles sont inférieures, à ce que j'ai entendu dire.

.... Après être revenu dîner seul au Cheval Blanc, la table d'hôte étant finie, j'ai été faire mes adieux à l'Ours, à M. de Bessey, qui buvait du vin de champagne au dessert avec ses amis, et m'en a fait goûter. Il m'a ensuite, reconduit fort honnêtement chez moi.

Etant parti d'Angers à 4 heures, je ne suis arrivé à Saumur qu'à 11 heures du soir, à cause d'un accident de voiture. Deux soldats du régiment Royal-Corse me furent fort utiles dans ces deux occasions, leur uniforme est bleu céleste à parements jaunes, je leur ai donné 1 # 4 sols pour boire à ma santé.

Vannes. — Imprimerie Lafolye Frères, 2, place des Lices.

www.ingramcontent.com/pod-product-compliance
Lightning Source LLC
LaVergne TN
LVHW020241230826
846091LV00006B/2217

* 9 7 8 2 0 1 3 4 4 3 9 5 1 *